Bruno Neckermann

Verkaufserfolge mit Persönlichkeit

Bruno Neckermann

Verkaufserfolge mit Persönlichkeit

repräsentieren, verhandeln, überzeugen

verlag
moderne industrie

Die Deutsche Bibliothek – CIP Einheitsaufnahme

Neckermann, Bruno:
Verkaufserfolge mit Persönlichkeit : repräsentieren,
verhandeln, überzeugen / Bruno Neckermann. – Zürich : Verl.
Moderne Industrie, 1992
ISBN 3–478–22820-4

© 1992 verlag moderne industrie AG, 8050 Zürich

Umschlaggestaltung: Hubert Patscheider, 8900 Augsburg
Satz: abc Fotosatz, 8938 Buchloe
Druck- und Bindearbeiten: Pustet, 8400 Regensburg
Printed in Germany 220 820 / 692 302
ISBN 3-478-22820-4

Inhaltsverzeichnis

Vorwort

*„Wer einer besseren Zukunft
nicht entgegengeht,
wird niemals eine
bessere haben."*

Bruno Neckermann

Nehmen Sie als erstes gute Wünsche entgegen,
für die Erneuerung Ihrer Persönlichkeit,
für die Einleitung einer neuen Erfolgsepoche,
für neue Persönlichkeitserfolge,
eine bessere Zukunft und ein leichteres Leben.

Vertreiben Sie Skepsis oder Vorurteile.
Diese blockieren Energien, den Mut und Chancen.
Wer keine Chancen sucht, findet keine.
Pessimismus ist ungut und feindselig.
Geben Sie *sich selbst* eine Chance!

Sie haben Wünsche, Sehnsüchte, Ziele?
Sie möchten Sicherheit im Beruf oder Privatleben?
Sie möchten Ausstrahlung, eine besondere Note?
Sie möchten begehrt, beliebt, überlegen sein?
Oder möchten Sie Ihre Position festigen?

Dann möchten Sie noch besser werden und wachsen.
Dazu brauchen Sie *Wollen, Energien* und *Ideen*.
Und Sie benötigen Ehrgeiz für dieses Buch.
Auch Vertrauen auf Vorschuß.
Lesen Sie nicht nur, sondern
arbeiten, trainieren, üben Sie damit.

Neue und bewundernswerte Persönlichkeitserfolge
wünscht Ihnen

Bruno Neckermann

Leitsätze für das menschliche Wachstum

1. Leben ist Lernen, denn Lernen gibt Leben.
2. In den Schwächen des Menschen liegen die größten Reserven.
3. Erst wenn der Mensch gut wird, erkennt er, wie wenig er noch weiß.
4. Menschen ohne Ehrgeiz haben keine Antriebe und sind fast schon am Ende.
5. Wer etwas Besonderes sein möchte, muß etwas Besonderes tun.
6. Die Angst vor dem Auffallen ist weiter nichts als Feigheit.
7. Niemand ist so sicher und stark, daß er niemanden mehr braucht.
8. Wer nicht neugierig ist auf Neues, erfährt niemals, wozu er noch fähig ist und was es Neues gibt.
9. Kein Mensch kann mehr, als er sich zutraut.
10. Wer nicht über seinen Schatten springen kann, der kann auch keine neuen Welten erobern.
11. Selbst geniales Fachwissen macht noch keine Persönlichkeit.
12. Man braucht Überlegenheit und Vorsprung, um anderen gelassen zusehen zu können.
13. Erfolgsmenschen sind deshalb so erfolgreich, weil sie das nicht tun, was alle anderen tun.

1. Mensch – Person – Persönlichkeit

„Um eine Persönlichkeit zu sein, muß man erst eine werden."

Bruno Neckermann

Die Persönlichkeit

Wird der Mensch geboren, ist eine kleine, eigenwillige „Persönlichkeit" entstanden. Somit hat jeder Mensch von der Natur *seine* ureigene Persönlichkeit erhalten.

Betrachtet man Menschen von der Stärke, Ausstrahlung, Wirkung oder Vorbildlichkeit her, dann ist bei der Masse von Menschen zu unterscheiden zwischen gegebener und andererseits gewordener Wirkungspersönlichkeit. Auch der Bekanntheitsgrad oder die Positionen vieler Chefs, Politiker, Künstler und Sportler machen noch keine *echte* Persönlichkeit.

Dabei taucht die Frage auf, was und wieviel jeder Mensch in der Vergangenheit neben der fachlichen Berufsausbildung für die Persönlichkeitsentwicklung, Persönlichkeitsbildung, Persönlichkeitsausstrahlung und Faszination investiert und getan hat.

Jeder lernt bis an das Lebensende und lebt, solange er lernt. Wer stehenbleibt, fällt zurück. Wer meint, er könne Wirkung und Sicherheit *ohne* Weiterbildung halten, versäumt es, *Reserven* für sein Wachstum einzuschalten. Auch wer schon in einer guten Position ist, sollte nicht von seinem Ruf und Ansehen zehren, sondern kontinuierlich beides *vermehren*.

Urteile und Auffassungen über „Persönlichkeiten" oder eine Persönlichkeit gehen weit auseinander. Wohl wird man von ihrer Ausstrahlung gepackt, aber sie läßt sich schwer definieren. Im nachfolgenden Text einige Versuche dazu:

Persönlichkeitsdefinitionen

Der Weg der Persönlichkeitswerdung ist nie abgeschlossen. Wesentliche Kennzeichen einer **Persönlichkeit** sind *Reife, Individualität, Autorität, innere Sicherheit* und *soziale Kompe-*

tenz. Demnach ist sie ein typischer, eigenständiger, selbstbewußter und doch besonnener Mensch, der aus der Masse der Menschen herausragt. Eine Persönlichkeit ist eigenwillig, hat feste eigene Meinungen, doch sie ist vernünftig genug, um kooperativ der Umwelt gegenüberzutreten.

„Persönlichkeiten" besitzen Autoritätstriebe. Deshalb können sie *führen.* Dieses ist in ihnen natürlich gewachsen, nämlich im Prozeß des Reifwerdens. Somit ist diese Autorität eine natürliche, sogar imponierende und nicht eine belastende oder dominierende.

Die Begriffe *„autoritär"* und *„Autorität"* sind klar zu unterscheiden. Beide haben kaum etwas gemeinsam, auch wenn sozialistische Formen und Philosophien sie gern vermischen.

Echte Persönlichkeiten besitzen eine starke menschliche Wirkung mit Suggestivkraft. Sie strahlen aus, haben Substanz, Besonnenheit und sind Vorbilder für viele andere. Sie sind auch so souverän, eigene Fehler und Schwächen zuzugeben. Ihre Autorität, ihr Wirkungsbewußtsein verlangt nach Entwicklung und Kompetenz.

In jedem Unternehmen wünscht man, braucht man Persönlichkeiten. Deshalb ist Förderung und Forderung gleich wichtig. Förderung ist die Befriedigung der menschlichen Grundbedürfnisse. Forderung bedeutet *Belastung,* die die menschlichen Reserven zu mobilisieren hat.

Dieses erfordert in der Weiterbildung konsequente, mutige, reife und dynamische Trainer. Wer Persönlichkeiten entwickeln lassen will, braucht dazu ... Persönlichkeiten!

Schon die alten Griechen wußten um die Bedeutung der *menschlichen Ganzheit* mit allen Persönlichkeitswerten. Sie wußten auch, daß die besten menschlichen Werte verkümmern müssen, wenn man sich nicht darum kümmert. Sie entdeckten die Wichtigkeit der Persönlichkeitsästhetik für das menschliche *Wachstum*. Also: „Alles, was nicht wächst, stirbt!"

Persönlichkeitsentwicklung braucht Hilfen, Zeit und Lernprozesse. Für die erforderlichen *Lehren* braucht es neutrale Persönlichkeiten als Vorbilder, da Führung Persönlichkeit voraussetzt und „Führung ohne Persönlichkeit" wenig überzeugend oder vertrauenerweckend ist.

Es gibt keine fertigen Menschen, egal wie alt der Mensch wird. Ebenso wichtig wie die schulische Hilfe zur Persönlichkeitsbildung ist die *eigene Selbsterziehung*. Es gibt aber keine Selbsterziehung beim Menschen ohne Selbstbeobachtung, begierige Selbsterkenntnis und ehrliche Selbstkritik. Wer von außen (Umwelt) dazu gebracht wird, hat gute Helfer.

Eine „Person" ist noch keine Persönlichkeit. Wichtiger als die Lebensjahre ist die menschliche Reife. Wichtiger als reines Wissen sind Auftreten, Reden, Überzeugen und Können. Selbst geniales Wissen macht noch nicht lebenstauglich.

Fassen wir die Definition über eine Persönlichkeit zusammen:

Eine echte Persönlichkeit als
Vorbild oder Leitperson
ist nicht nur einfach ein Mensch,
geformt wie die breite Masse,
sondern eine besondere Person
mit überragender Individualität,
überlegenen inneren Werten,
besonnener, mutiger Eigenwilligkeit,
faszinierender Ausstrahlung,
charakterlicher Festigkeit
und „vorbildlicher" Prägung!

Suchen Sie in einer ruhigen Stunde Ihren Persönlichkeitsstand. Untersuchen Sie Ihr Gesamtformat. Ziehen Sie Bilanz. Verwenden Sie dazu das Persönlichkeitsprofil mit Anleitung.

Leben ... oder gelebt werden

Es gibt nur zwei **Lebenshauptstraßen:**

1. Mit einer gut organisierten Besinnungslosigkeit leben

- Versklaven und vermarkten lassen,
- nachahmen und stehlen,
- täuschen und blenden,
- übertreiben und lügen,
- betteln und kriechen,
- andere beneiden, herabsetzen
- hoffen, warten und träumen,
- alles wie bisher belassen,
- andere denken lassen,
- die Freizeit genießen, faulenzen.

oder

2. Erfolgreich, initiativ und individuell leben, mutig sein und wachsen

- Mut zum Risiko haben,
- Ehrgeiz verstärken,
- sich von der großen Masse absetzen,
- Reserven mobilisieren,
- mit Selbstvertrauen höhere Ziele setzen,
- unter-nehmen, nicht unter-lassen,
- positivere Lebensformen organisieren,
- neue Persönlichkeitserfolge planen,
- lernen und sich verbessern lassen,
- mit Dankbarkeit leben – Menschen helfen.

Die Neckermann-Erfolgstreppe (NET)

Der Weg zu anderen beginnt immer bei sich selbst.
Es ist leichter, zehn Schwächen und Fehler an anderen
zu erkennen als einen an sich selbst.

Jeder weiß, daß nicht die materiellen, sondern die menschlichen Erfolge die schönsten Erfolge sind, also die Persönlichkeitserfolge. Es gibt nichts Schöneres, als bei Menschen anzukommen, angenommen zu werden, dazuzugehören, Bewunderung und Respekt zu erhalten.

Wir alle leben in einer großen Gemeinschaft, haben es immer mit Menschen zu tun, mit klugen und gebildeten, aber auch mit Massenmenschen ohne Bildung und Individualität. Wer nicht aufpaßt, sich nicht von dieser Bildungslosigkeit distanziert, wird stark davon beeinflußt. SWAA= So wie alle anderen – kann man auf die Dauer nicht leben, sonst wird man versklavt.

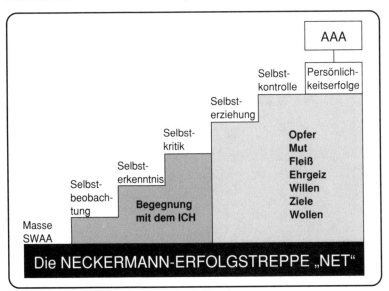

Abb. 1: Die Neckermann-Erfolgstreppe (NET)

Der erste Schritt zu Persönlichkeitserfolgen ist die konzentrierte **Selbstbeobachtung.** Diese führt schnell zur fairen **Selbsterkenntnis.** Alle positiven wie negativen Selbsterkenntnisse führen direkt zu einem Fortschritt. Die Wahrheit über sich selbst ist die Quelle des Guten. Jeder Mensch besteht aus Stärken und Schwächen. Wie will man aber eine Schwäche abstellen, wenn man sie nicht kennt?

Selbsterkenntnisse führen mit einer positiven Grundhaltung zur **Selbstkritik.** Hier schaltet sich der Charakter ein. **Selbstkritik** ist *die* Beschäftigung, die einem Menschen am meisten einbringt. Es ist eine wichtige Begegnung mit sich selbst. Erfolgt sie nicht, so ist man auf dem Weg zur Selbstüberschätzung.

Was nützen Erfahrungen, wenn Menschen aus Fehlern und Schwächen keine Lehren ziehen. Nichts ist ja so gut, daß man

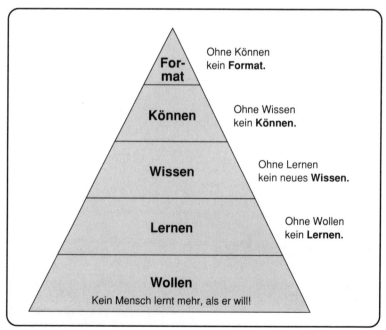

Abb. 2: Persönlichkeitspyramide

es nicht noch *besser* machen könnte. Wer zur Selbsterziehung schreitet, ist bereits an der Arbeit zur Selbstverbesserung und auf dem Wege zum Wachstum.

Wer dann noch den Mut hat, in verschiedenen Lebenslagen und Situationen *anders als andere (AAA)* zu sein und auch einmal *besser als alle anderen (BAAA),* der fällt auf mit seiner Individualität. Jeder hat sie erlebt, die Angst vor dem Auffallen. Sie ist weiter nichts als Feigheit. Wer etwas Besonderes sein möchte, muß auch Besonderes tun.

Mut zur Individualität und Originalität

Der **Charakter** – als die Substanz des Veranlagten, Gewordenen und Eingeprägten – bestimmt die meisten Aktionen, Reaktionen, Emotionen und Handlungen eines Menschen. Er zeigt auch den individuellen **Typus** durch die Grundhaltung.

Prüfen Sie, ob Sie

- zur großen Masse der Menschen gehören und deren Schutz brauchen,
- sich an andere anlehnen, von ihren Meinungen leiten oder dominieren lassen,
- Mut zur Meinungsfreiheit haben,
- sich als echte, individuelle Persönlichkeit sehen,
- gern wirken und gelten möchten,
- eine besondere Note haben.

Wer als „Persönlichkeit", also als besondere Person gesehen werden möchte, der

- muß sich von der großen Masse absetzen,
- muß etwas Besonderes tun,
- muß irgendwie auffällig sein,

- muß außer- oder ungewöhnliche Wirkungen erzielen,
- braucht Originalität und Individualität.

Demnach muß er

- anders als andere erscheinen,
- auch anders als alle anderen wirken,
- die menschlichen Seelen bewegen,
- starke Emotionen einsetzen,
- die ganze Körpersprache benutzen,
- die volle Aufmerksamkeit erregen,
- überraschen und faszinieren,
- die Aufmerksamkeit fesseln.

Gefühle beleben und bewegen. Ohne gute Gefühle kann man keinem Menschen etwas *Gutes* tun. Die Angst vor dem Auffallen ist weiter nichts als Feigheit. Was nicht *auffällig ist,* bleibt unbedeutend und wird nicht gesehen. Das ganz Normale fasziniert niemals!

Erfolge

• Der Glaube

Der *Glaube* an sich selbst ist der erste Glaube. Wer nicht mehr an sich selbst glaubt, hat überhaupt keinen Glauben mehr.

Der Glaube produziert auch *Hoffnung,* besonders der religiöse Glaube. Hoffnung belebt und vertreibt Zweifel. Der Zweifel an sich selbst baut sofort Kräfte ab.

• Selbstvertrauen

Der Glaube liefert die Nahrung für das Selbstvertrauen. Selbstvertrauen stärkt die Seele und führt zum Mut. Wer nicht an sich selbst glaubt, ist ein Opfer für die Umwelt. Wer sich nicht selbst regiert, wird von anderen kommandiert.

• Optimismus

Menschen *ohne* Optimismus sind fast schon bedauernswert. Pessimisten quälen sich in ängstlichen Zweifeln. Optimisten glauben an ihre eigene Kraft. Optimismus *belebt,* erfreut, strahlt aus und ist die Grundhaltung des Selbstvertrauens.

• Ziele

Wer sich keine Ziele setzt, hat keine **Richtungen.** Ohne Ziele keine Zielstrebigkeit, keine Anstrengungen. Ohne Ziele keine Mobilisierung von Energien. Ziele richten die Wege aus und locken den Ehrgeiz.

• Ehrgeiz

Ohne *Ehrgeiz* drängt und treibt beim Menschen nichts mehr nach vorn, nach oben. Ehrgeiz ist eine der dynamischsten Kraftquellen des Unterbewußtseins und Kernenergie des Willens. Menschen ohne Ehrgeiz tun lediglich ihre Pflicht und leben nur in auferlegten Normen.

• Mut

Mut ist die kraftvolle, aber lohnende Überwindung eines Angstzustandes. Ohne Angst gibt es keinen Mut, denn Angst ist die Voraussetzung für den Mut. Jedes **Risiko** braucht Mut, denn wer das Risiko scheut, wird nie ein Traumziel erreichen.

Viele Karrieren wurden mit Mut aufgebaut. Zu mutig zu sein, ist jedoch leichtfertige Verwegenheit mit höchstem Risiko.

• Fairness

Sie ist die Grundlage des Anstandes. Sie wird hoch geschätzt. Fairness ist verwandt mit dem **Takt.** Takt ist die „Schonung der Gefühle des anderen". Beides sind charakterliche Signale.

Wer *fair* ist, braucht niemanden zu fürchten. Mit Fairness erwirbt man Sympathien. Unfairness stößt ab.

• Ruhe

Mit der *Ruhe* wächst die Besonnenheit. Aus der Ruhe kommt immer die Kraft. In der Kraft leben die menschlichen **Energien**. Alles, was man in Unruhe und Hast tut, macht man nur halb so gut, wie man es könnte.

Die innere Ruhe ist der Kommandeur für die Ausgeglichenheit, welche der *Strom* für die nervliche Stabilität ist. Wer die Ruhe verliert, wird hektisch, triebhaft und explosiv.

• Frohsinn

Frohsinn kommt von frohen Sinnen. Es gibt keine schöneren. Der Frohsinn ist die „schönste Bekleidung eines Menschen". Frohsinn wärmt, macht schön, erwirbt Sympathien, vertreibt Mißtrauen.

Frohsinn produziert Freundlichkeit und ist der Vater eines natürlichen Lächelns und des Charmes. Menschen ohne Frohsinn und Humor sind arme Menschen.

• Hilfsbereitschaft

Das Leben besteht aus Geben und Nehmen. Man bekommt nicht mehr, als man selbst gibt. Wer Menschen erobern will, glücklich sein und problemlos leben möchte, der muß anderen **helfen und dienen**.

Jeder Mensch ist glücklich, wenn man ihm hilft. Der Weg zu anderen beginnt bei sich selbst. Helfen ist *Freude* bereiten.

• Selbstbeherrschung

Wenn Menschen in Rage geraten, ist der Zustand der geistigen Verknotung erreicht. Sie stehen dann an der Schwelle der Schizophrenie. Wer rot sieht, verliert das Wirkungsbewußtsein, die Vernunft und jegliche Kontrolle über sich selbst.

Die Fähigkeit der Selbstbeherrschung kann erworben werden. Mit Willenskraft und Selbstbeeinflussung. Freunde können dabei helfen. Mangelnde Selbstbeherrschung kostet Sympathien und Freundschaften und bewirkt Persönlichkeitsverluste.

• Disziplin

Die **Disziplin** basiert auf einem inneren Ordnungsgefüge des Menschen. Sie zeigt wichtige Charakterteile. Die Zuverlässigkeit ist die Basis der Disziplin und die Mutter der Pünktlichkeit. Ist jemand zuverlässig oder verläßlich, so kann man auf ihn bauen.

Die Disziplin ist für manche Berufe die wichtigste Fähigkeit. Menschen mit mangelhafter Disziplin sind in mancher Hinsicht fragwürdig. Für Führungskräfte ist sie unerläßlich.

• Begeisterungsfähigkeit

Es gibt Führungs-, Verkaufs-, Kontakt-, Lehrberufe usw. Diese Berufe sind emotionale Überzeugungsberufe. Die reine Wissensvermittlung genügt nicht.

Wer Menschen führen, leiten, motivieren, bewegen will, braucht **Seele,** Leben und Gefühle dazu. Ohne Leben (Emotionen) kann man niemanden *beleben.* Die stärkste Überzeugungskraft resultiert immer aus der *eigenen* Überzeugung.

Führungskräfte, die nicht begeisterungsfähig sind, sind im völlig falschen Beruf.

Erfolge braucht jeder Mensch. Sie sind das Ziel all unserer Bemühungen. Jeder **Erfolg** aber steht in einem bestimmten Verhältnis zu seinem *Aufwand.* Somit haben Erfolge ihren Preis und sind relativ. Auch sind *vergangene* Erfolge leider schon vergangen.

Erfolge haben immer Ursachen, genau wie die Mißerfolge. Diese müssen erforscht werden. Was nützt es zu wissen, Erfolge zu haben, wenn man nicht weiß, warum man Mißerfolge hat?

Manche erringen ihre Erfolge schnell und leicht. Andere benötigen die vielfache Zeit und große Opfer. Prüfen und stellen Sie fest, welche Kostenfaktoren und zeitraubenden Tätigkeiten Sie angreifen und reduzieren müßten.

Erfolge

• sind die schönsten Motivationen,
• bringen Wohlstand und Ansehen,
• sind ein Lohn für Lernprozesse und Opfer,
• liefern Sicherheit,
• sind Diener der Karriere,

aber

• dürfen nicht die Gesundheit zerstören,
• bringen wenig, wenn der Aufwand zu groß ist,
• sind ungut, wenn Familien darunter leiden,
• sind belastend durch kalten Egoismus,
• werden oft von Mißerfolgen abgelöst.

Es gibt direkte und indirekte Erfolge – ohne und mit eigener Einwirkung.

Ohne Eigenleistung	Mit Eigenleistung
Konjunkturerfolge	Fleißerfolge
Imageerfolge	Bildungserfolge
Unternehmenserfolge	Geduldserfolge
Führungserfolge	Sympathieerfolge

Ohne Eigenleistung	Mit Eigenleistung
Werbeerfolge	Überzeugungserfolge
Produkterfolge	Muterfolge
Referenzerfolge	Treueerfolge
Glückserfolge	Persönlichkeitserfolge

Das Persönlichkeitsprofil

Dieses PP ist eine Klassifizierung für die Selbsteinschätzung und -beurteilung. Aus Erfahrung ist zu empfehlen, daß man das Profil zwei- oder dreimal im Jahr erstellen sollte, um Veränderungen zu erleben.

Sie finden 25 wichtige Anlagen, Fähigkeiten und Eigenschaften. Alle diese primären Eigenschaften und Fähigkeiten werden schnell von der Umwelt gesehen, gehört, bewertet oder erfühlt.

Sie finden sechs Beurteilungsspalten in einem Radius zwischen **sehr schwach** (weil unerfahren oder unausgebildet) und **souverän** (überlegen – erstklassig – vorbildlich). Prüfen Sie sich selbst mit aller Ehrlichkeit, nehmen Sie Ihre Menschenkenntnis und Ihr Einfühlungsvermögen dazu und machen Sie im ersten Durchgang mit Bleistift einen Punkt in die Mitte des Vierecks Ihrer gewählten Klassifizierung.

Durch diese Übung schärfen Sie Ihre Sinne, und es ist zu empfehlen, daß Sie mit einem neuen Bogen einen zweiten Durchgang machen. Sie werden mehrere Einschätzungen dabei korrigieren. Haben Sie Ihre endgültigen Beurteilungen gemacht, dann verbinden Sie die Punkte mit einem Lineal, und Sie haben Ihr *Profil* in Form einer Kurve vor sich.

Beantworten Sie auch die untenstehenden Fragen, halten Sie Ihr eigenes Profil zurück und lassen Ihren Lebenspartner mit seinem Wissen und seinen Eindrücken eine Beurteilung Ihrer Person vornehmen. Dasselbe können Sie dann für ihn tun. *Vorher* sollten Sie sich aber vom Original Fotokopien anfertigen.

Es ist interessant zu erfahren und zu sehen, wie die Umwelt Sie sieht, beurteilt und wie diese „Fremdbilder" im Vergleich zu Ihren eigenen subjektiven Klassifizierungen liegen. Sie werden möglicherweise überrascht, entsetzt oder beglückt sein, zu erfahren wie die Umwelt Sie empfängt und einschätzt.

Viel Erfolg!

Das Persönlichkeitsprofil

zur Einschätzung und Selbstbeurteilung

	sehr schwach	unge- nügend	ausrei- chend	gut	sehr gut	souve- rän
1. Sicherheit im Auftreten						
2. Umgangsformen						
3. Freundlichkeit, Charme						
4. Hilfsbereitschaft						
5. Selbstbewußtsein						
6. Zuverlässigkeit						
7. Ehrgeiz						
8. Geduld, Ausdauer						
9. Belastbarkeit						
10. Mut						
11. Begeisterungsfähigkeit						
12. Gefühlsstärke						
13. Initiativvermögen						
14. Organisationstalent						
15. Ordnungsliebe						
16. Disziplin						
17. Gedächtnis						
18. Kontaktfreude						
19. Menschenkenntnis						
20. Sprech- und Redefähigkeit						
21. Zuhörfähigkeit						
22. Lernfleiß						
23. Karrierestreben						
24. Führungsfähigkeit						
25. Allgemeinbildung						

Aufgaben: 1. Welches sind nach Ihrer Meinung von allen Fähigkeiten die fünf bedeutendsten?
2. Kennzeichnen Sie Ihre größten Schwächen.
3. Finden Sie Ihre größten Stärken.
4. Lassen Sie sich von einem Partner klassifizieren.

2. Organisations- und Planungsmethoden

„Gut geplant = halb gewonnen."

Bruno Neckermann

Die Priorität der Selbstorganisation

Es gibt zwei Arten der menschlichen Arbeitsweisen:

• die mechanisch-motorischen Aktivitäten,
• die kreativen Tätigkeiten.

Erstere bildet unmerklich die **Routine,** aus der vielfach die anti-geistige, „starre Routine" entsteht. Die kreative Tätigkeit ist die geistige, intelligente und erfinderische Tätigkeit des Menschen.

Wird die Routine zur starren Routine, dann arbeitet der Mensch klischee- und gewohnheitsmäßig *ohne* Bemühung und Intelligenz, also intuitiv oder instinktiv.

Der Mensch liebt mit seinen unbewußten Genußtrieben das *Bequeme* und nicht das Strapaziöse. Durch langjährige Erfahrungen wird das Unterbewußtsein programmiert, zum Schema und zur Geistlosigkeit erzogen. Tagesabläufe, Verhandlungen, Verkaufsgespräche, ja sogar das *Leben* wird bei vielen zur Routine. Paragraphen und Gesetze tun das übrige.

Eine Verhandlung ohne Verhandlungsplanung verliert sich. Erst Planung zwingt zur Überlegung. Das **Denken** für eine erfolgreiche Verhandlung muß vor der Verhandlung geschehen.

Wer überlegt und geplant verhandelt, verhandelt überlegen. Wer plant, der organisiert und weiß, was er will. Dies gilt für die Tages-, Wochen-, Monats- und Zeitplanung, für Menschenführung, Konferenzen, Briefe, Einkäufe, Finanzen und alle wichtigen Ziele.

Mehr Erfolg durch bessere Planung

Haupt- und Hochschulen lehren uns viel, aber oftmals keine rationellen Arbeitstechniken, Umgang mit der Zeit und Selbstorganisation. Deshalb haben Menschen oft die wunderbare Fähigkeit, sich das Leben so kompliziert wie nur möglich zu machen.

Da hört man Reaktionen wie

• „mir fehlt die Zeit zum Planen",
• „bei meinem Beruf ist Planung nicht möglich",
• „bei den laufenden Veränderungen kann ich mich nicht festlegen" usw.

Die „Einbildung", nicht planen zu können, ist Dummheit. Wer sich keine Ziele setzt und Prioritäten markiert, verliert sich. Wer sich nichts aufschreibt, taumelt und vergißt viel.

Wer seine Arbeiten überschaubar gestaltet, mit seiner Zeit plant, schafft mit 20 bis 30 % seines Krafteinsatzes 70 bis 85 % seiner möglichen Erfolge. Somit ist Zeitverschwendung durch gezielte Planung vermehrbar.

Aufgaben und Ziele müssen lesbar gemacht werden. Erst wer schreibt, konzentriert sich und denkt richtig. Ohne zu schreiben, kann kein Mensch planen. Ohne Planung gibt es keine Ordnung und Übersicht.

Dies zeigt folgendes Beispiel auf anschauliche Art und Weise:

„Ein Bauer, der ein bestimmtes Feld pflügen wollte, fing früh am Morgen an, den Traktor zu schmieren. Da das Öl nicht reichte, ging er zur Tankstelle. Unterwegs fiel ihm ein, daß die Schweine noch nicht gefüttert waren. Er ging zum Speicher. Da traf er seinen Nachbarn.

Dieser redete sich die Probleme mit seinem Weib vom Herzen. Er ging weiter. Am Holzstoß fiel ihm ein, daß seine Frau Holz braucht. Beim Aufsammeln einiger Scheite kam ein krankes

Huhn vorbei. Er ließ das Holz wieder fallen und ergriff das Huhn. Als es Abend war, stand der Traktor immer noch im Hof. So verging die Zeit des Bauern ... ohne Planung!"

Ein Mensch behält etwa

- **10 % von dem, was er liest,**
- **20 % von dem, was er hört,**
- **30 % von dem, was er sieht,**
- **50 % von dem, was er sieht und hört,**
- **70 % von dem, was er selbst sagt,**
- **90 % von dem, was er selbst tut und erlebt hat.**

Die Planungstätigkeit und ihre Vorteile

Eine Analyse des Begriffes „Planung" ergibt, daß mehrere Tätigkeiten in diesem Wort enthalten sind. Planung erfordert

- Ziele setzen,
- konzentrieren,
- Ideen sammeln,
- fühlen,
- ordnen,
- Alternativen suchen,
- Wirkungen errechnen,
- entscheiden.

Da jeder Planende die „Produktivität" bzw. einen Nutzen im Bewußtsein tragen muß, ist Planung ein Dokument für Aufgaben und Ziele, die „taktische Berechnung für Profit".

Die Vorteile der Planung

Planung ist eine Erfolgsvorbereitung.
Planung ist geistige Rationalisierung.
Planung schafft Ordnung.
Planung liefert eine Übersicht.
Planung bringt Zeitgewinn.
Planung ermöglicht eine Nachkontrolle.
Planung verhindert ein Chaos.
Planung zwingt zum Denken.
Planung zeigt Wege und Richtungen.
Planung setzt Ziele.
Planung entlastet und macht sicher.
Planung mobilisiert Reserven.

„Wer große Pläne hat, braucht gute Pläne. Wer sich nicht selbst regiert, wird von anderen kommandiert. Wer plant, weiß, was er will, und lebt leichter."

Die Markt- und Verkaufsplanung

Faktoren für Markt- und Umsatzveränderungen

Alle berufstätigen Menschen leben von *Ideen,* Erfahrungen und Einfällen. Die meisten Ideen in der Wirtschaft und Industrie dienen der Produktion. Das Ziel aller Produktionen ist der Markt. Märkte braucht man zum Verkaufen.

Produkte und Dienstleistungen leben von ihren Vorteilen, also dem *Nutzen.* Beide müssen Wirkungen erzielen für irgendwelche Erfolge. Doch der beste Verkaufsapparat mit erstklassigen Produkten kann zum Scheitern verurteilt sein, wenn die Marktfaktoren und -imponderabilien nicht kontrolliert werden.

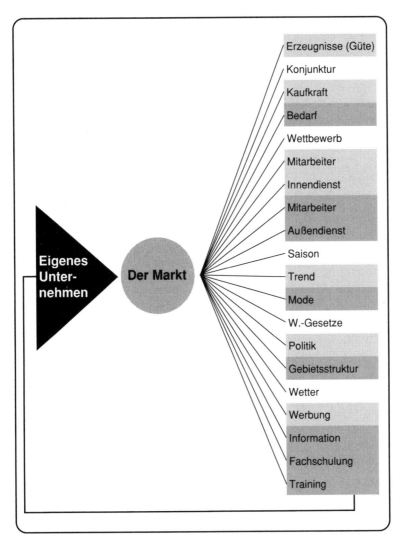

Abb. 3: Der Marktkreislauf

86% aller Berufe – wie Marktforscher feststellten – haben mit
dem Markt und dem **Verkauf** zu tun. Der Markt ist aber nichts
Festes, sondern etwas Unberechenbares und Flukturierendes.
Schon ein neues Produkt kann einen Markt in einem Land bewegen. Schon ein Mißerfolg kann großen Schaden bringen.

Verkaufsplanung für Telefonverkauf

Verhandlungsplanung für ankommende Gespräche

1. Firma, Abteilung und Namen nennen
2. Sehr freundlich grüßen
3. Namen erfragen und notieren
4. Dank und Freude ausdrücken
5. Wünsche und Anliegen erfragen
6. Frühere Verbindung erkunden
7. Welche Erzeugnisse werden geführt?
8. Firmenverkauf bei Erstkontakt
9. Falls empfohlen: Referenz erfragen
10. Gezielte Vorschläge unterbreiten
11. Besondere Vorteile anbieten
12. Alternativen aufzeigen
13. Testkauf vorschlagen
14. Abschlußversuch einleiten
15. Referenzen einsetzen
16. Besuchstermin vorschlagen
17. Kontakt mit Außendienst herstellen
18. Adresse und Telefonnummer erbitten

19. Namen von Sekretärin erfragen

20. Rückruf und Bestätigung zusagen

21. Dank und Verabschiedung

22. Aktennotiz machen und Abwicklung starten

Planung für ausgehende Gespräche

1. Freundliche Vorstellung mit Gruß

2. Sekretärin um Hilfe bitten (bedanken)

3. Anruf im „Auftrag der Geschäftsleitung"

4. Erneute Vorstellung nach der Verbindung

5. Freude über erreichten Kontakt

6. Frage, ob Anruf gerade störend

7. Zweck und Zielsetzung bekanntgeben

8. Letzten Kontakt erfragen

9. Vorschläge unterbreiten

10. Zufriedenheitsgrad bei Kunden erfragen

11. Neue Firmeninformationen geben

12. Wann letzter Kontakt mit Außendienst?

13. Angebot und Unterlagen zusagen

14. Besuchstermin vereinbaren

15. Grüße bestellen

16. Dank und Verabschiedung

17. Aktennotiz machen und Abwicklung starten

Die Delegationsplanung

Ein Chef braucht seine Mitarbeiter zur Entlastung. Wer sich entlasten will, muß *delegieren* können. Das ist eine Erfolgsvoraussetzung für alle oberen Positionen. Es gibt Vorgesetzte, die nur übertragen oder weitergeben. Das ist deshalb falsch, weil eine Delegation *verkauft* werden muß. Delegieren – psychologisch analysiert – ist:

Mit seelischen Anreizen, also einer Motivation, Verantwortung übertragen, ein neues Ziel stecken und mit der erforderlichen Kompetenz und Freiheit ausstatten!

Eine Delegation erfordert einen erkennbaren Auftrag mit Kontroll- und Erledigungstermin!

Alle Manager, die überlastet sind, delegieren zu wenig oder verkehrt. Zu den **Vorteilen einer Delegation** von Verantwortung zählen:

1. Die befreiende Entlastung des Vorgesetzten von Routineaufgaben.
2. Freistellung desselben für eigentliche Führungsfunktionen.
3. Die Nutzbarmachung des Spezialwissens der Mitarbeiter.
4. Das Erkennen förderungswürdiger Nachwuchskräfte.
5. Die Einsparung von Zeit.
6. Eine Hilfe zur Selbstverwirklichung des Mitarbeiters.

Nur gute Mitarbeiter sehnen sich nach mehr Verantwortung. Die anderen nicht. Eine verantwortliche Delegation ist auch ein Vertrauensbeweis.

Es gibt Vorgesetzte, die keine Trennung zwischen Chefaufgaben und Nichtchefaufgaben machen. Das aber ist das Fundament der „Prioritätenplanung". Vorgesetzte sollten auch darauf achten, daß sich die Mitarbeiter – egal wer und in welchem Rang – jede Delegation sofort notieren. Vorbildliche Chefs führen ein **Delegationsheft.**

Auf beiden Seiten müssen Kontroll- und Erledigungstermine festgelegt werden. Delegationen sollen fördern, bestätigen, Freude machen, anerkennen, motivieren und Vertrauen schenken!

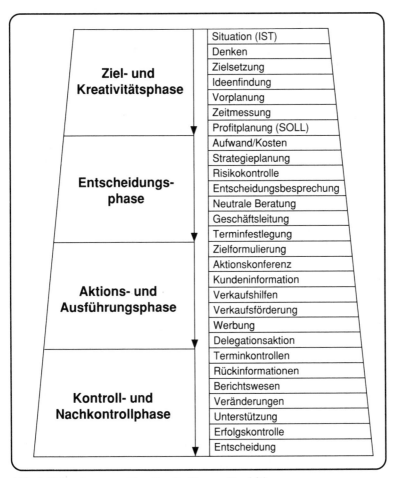

Abb. 4: Delegationspyramide – Von der Idee zur Durchführung

Die Prioritätenplanung

Der amerikanische Präsident Roosevelt sagte einmal: *„Wenn es ein Geheimnis der Effektivität gibt, so heißt dies Konzentration. Meine Mitarbeiter zeigen das täglich, indem sie als erste Tätigkeit die Prioritäten festlegen, erstrangige Dinge zuerst und immer nur eine Sache auf einmal machen. Zwei oder mehrere Dinge auf einmal zu machen ist Selbstüberschätzung, die ich gar nicht zuließe!"*

Ob Führungskraft, Techniker, Berater oder Sachbearbeiter – es ist jedem zu empfehlen, ein „Prioritätenexperte" zu werden.

Lernen Sie:

1. Den gesamten Arbeitsumfang für einen halben oder ganzen Tag einzuschätzen.
2. Den genauen Arbeitsumfang *zeitlich* zu messen.
3. Die vordringlichsten Arbeiten als **A-Prioritäten** zu kennzeichnen und diese auf eine Liste zu schreiben (handschriftlich).
4. Alle andern Tätigkeiten mit
   B-Priorität,
   C-Priorität,
   D-Priorität festzulegen und zu kennzeichnen.
5. Menschen in führender Stellung müssen lernen, sich von Kleinkram zu trennen und diesen zu delegieren.

Alle Tätigkeiten sind zu *gliedern,* um ein Ordnungssystem zu erhalten. Ohne Ordnung und Einteilung hat schnell das Chaos die Macht!

Wer keine Prioritäten festlegt, verliert sich. Wer ohne Prioritäten arbeitet, kommt in Gefahr. Wer keine Arbeitsordnung hat, lebt leichtfertig. Wer keine Prioritäten setzt, arbeitet wild. Wer wild arbeitet, vergißt viel. Ordnung und Planung setzen keine Intelligenz voraus, sondern nur **Selbstdisziplin!**

Die nachfolgende **Ziel- und Entwicklungsplanung** zeigt Ihnen kurz-, mittel- und langfristige Schritte sowohl in beruflicher als auch in privater Hinsicht, die Ihnen helfen sollen, ein Meister im Planen zu werden. Ihre Einfälle hierzu können Sie sich dazunotieren.

Diese Ziel- und Entwicklungsplanung machten wir zur Aufgabenstellung in einem unserer Seminare. Nachfolgend finden Sie ein Beispiel aus einem Seminar. Verwenden Sie das darauffolgende unausgefüllte Formular für Ihre Planung.

Ziel- und Entwicklungsplanung

Beruf	Privat
kurzfristig 1. Wochen- und Monats- planung einzuführen 2. Zeitplanung machen 3. Konferenzen menschlich beginnen 4. Bessere Motivationen liefern 5. Sich bei der Umwelt mehr bedanken 6. Probleme nicht tragisch nehmen 7. Mehr lächeln	1. Mehr Selbstbeobachtung be- treiben 2. Die Familie mehr anerkennen 3. Wechselwirkung an Wochen- enden herbeiführen 4. Ausflüge machen 5. Versprechungen einhalten 6. Ärger als eine Selbstbeschädi- gung sehen 7. Verfassungskontrollen machen
mittelfristig 1. Fragetechniken lernen 2. Geduld üben 3. In Konferenzen mutiger auftreten 4. Verhandlungen vorher planen 5. Disziplinierter werden 6. Nachkontrollen verstärken	1. Natur beobachten 2. Sportliche Aktivität beginnen 3. Psychologische Literatur lesen 4. Menschen so nehmen, wie sie sind 5. Finanzplanung einführen 6. Mehr um Kinder kümmern
langfristig 1. Freie Redekunst trainieren 2. Schwächen offen zugeben 3. Feigheit bekämpfen 4. Für Aufstieg Seminare besuchen 5. AAA trainieren 6. Richtige Firma – richtige Branche?	1. Sparanlagen 2. Ferienhaus bauen 3. Altersvorsorge verbessern 4. Jung und jugendlich bleiben (Fitness)

Ziel- und Entwicklungsplanung

Beruf	Privat
kurzfristig	
1.	1.
2.	2.
3.	3.
4.	4.
5.	5.
6.	6.
7.	7.
mittelfristig	
1.	1.
2.	2.
3.	3.
4.	4.
5.	5.
6.	6.
7.	7.
langfristig	
1.	1.
2.	2.
3.	3.
4.	4.
5.	5.
6.	6.
7.	7.

Primäre Planungstätigkeiten

Planen ist konzentrieren, Ziele setzen, organisieren, vorausdenken, vorausmessen. Somit ist Planung eine „Erfolgsvorbereitung".

Was aber muß schriftlich aufgezeichnet, durchgedacht und analysiert werden?

1. Tagesplanung
2. Prioritätenplanung
3. Wochenplanung
4. Zeitplanung
5. Monatsplanung
6. Jahresplanung
7. Delegationsplanung
8. Verhandlungsplanung
9. Konferenzplanung
10. Reiseplanung
11. Besuchsplanung
12. Telefonplanung
13. Finanz- und Kostenplanung
14. Abwesenheitsplanung
15. Motivationsplanung
16. Führungsplanung
17. Förderungsgespräche
18. Erfolgskontrollen
19. Statistiken
20. Offertenplanung
21. Forschung, Entwicklung
22. Feste und Feiern
23. Geburts- und Ehrentage
24. Ferienplanung
25. Gesundheitsplanung
26. Korrespondenzplanung
27. Messeplanung

28. Planung für Weiterbildung
29. Förderungsplanung
30. Beurteilungsplanung
31. Interviewplanung.

Dies sind beruflich die primären **Aktionen und Handlungen.**
Prüfen Sie, was Sie nie geplant haben. Schneiden Sie diesen
Aktionsplan auf Ihren Verantwortungsbereich zu.

Reiseorganisation und -strategie für Geschäfts- und Privatreisen

Reiseorganisation	Technische Planung
1. Unerledigtes erledigen	1. Reise- und Flugkarten
2. Reise-Rohplanung entwerfen	2. Hotelreservierungen
3. Zeitplanung machen	3. Stadtpläne, Straßenkarten
4. Freiräume einbauen	4. Mietwagen
5. Terminkalender prüfen	5. Abholung organisieren
6. Familie informieren	6. Paß – Papiere – Visum
7. Besuche am Rande prüfen	7. Brieftasche und Devisen
8. Zeitpläne an Sekretärin	8. Medikamente
9. Zeitplan an Ehepartner	9. Arzt – Impfausweis
10. Telefonnummern hinterlassen	10. Präsente für Damen
11. Kreditkarten, Bargeld	11. Blumen durch Fleurop
12. Stellvertretung regeln	12. Gepäckorganisation
13. Verantwortung delegieren	13. Schirm, Mantel
14. Schlüssel abgeben	14. Garderobe, Anzüge
15. Vorgesetzte informieren	15. Wäsche, Schuhe
16. Offene Rechnungen prüfen	16. Festkleidung
17. Post erledigen	17. Freizeitausrüstung
18. Verhandlungskoffer	18. Badesachen, Bademantel
19. Verträge, Korrespondenz	19. Reisenecessaire
20. Angebote/Offerten	20. Adreß- und Telefonbuch
21. Intern. Führerschein	21. Wecker
22. Messekarten	22. Zollfreier Einkauf – Flughafen
23. Prospekte, Kataloge	23. Lektüre, Bücher
24. Präsente für Kunden	24. Eigene Zigarettenmarke
25. Reiseversicherung	25. Taschenkalender
26. Diktiergerät	26. Brillen
27. Automobilkontrollen	27. Armbanduhr
28. Post-Nachsenderegelung	28. Reiseverpflegung

Jahreserfolgsbilanz

Offene Fragen zur analytischen Untersuchung

1. War es ein Positiv- oder Negativjahr?
2. Welches waren die Höhepunkte und besten Erfolge?
3. Welche Ziele erreichte ich, welche nicht?
4. Gab es Mißerfolge, was lernte ich daraus?
5. Was war die „Misere des Jahres"?
6. Konnte ich mein Ansehen verbessern?
7. Welches sind noch meine größten Schwächen?
8. Was muß ich ändern oder verbessern?
9. Lebte ich verantwortungsbewußt genug?
10. Hielt ich meine Zusagen und Versprechungen ein?
11. War meine Umwelt mit mir zufrieden, wer nicht?
12. Was wurde häufiger an mir kritisiert?
13. Wer sind meine Freunde, wer meine Gegner?
14. Wem bin ich zu Dank verpflichtet?
15. Nahm ich mir genügend Zeit für Lernprozesse?
16. Ist meine Familie zufrieden mit mir?
17. Reichte mein Mut aus?
18. Verbesserten sich meine finanziellen Verhältnisse?
19. Bin ich noch im richtigen Beruf?
20. Bin ich gesundheitlich in Ordnung?
21. Was ist im Moment mein größtes Problem?
22. Welche Menschen muß ich gewinnen?
23. Welches sind heute meine besten Vorsätze?
24. Sehe ich ästhetisch und repräsentativ genug aus?
25. Welches sind meine drei wichtigsten Ziele?

Der Mensch und seine Zeit

Die *Zeit,* in der wir leben, ist unangreifbar. Sie geht, drängt, treibt, läuft und vergeht. Sie besitzt Ewigkeitswert. Kein Mensch überlebt sie.

Glaubt man, die Zeit ist eine „Ewigkeit", dann ist der Augenblick, in dem wir leben, ein Teil der Ewigkeit.

Die Zeit ist ein unermüdlicher Herausforderer für den Menschen. Zu seiner Erfüllung, zum Leben und Glücklichsein

Abb. 5: Der Mensch und seine Zeit

braucht er Zeit, gebraucht Zeit und verbraucht Zeit. Gute Worte, Anerkennung, Freundschaft, Liebe, Heilungsprozesse, Freude schenken

... alles ist ohne Zeit nicht möglich.

Selbst der römische Kaiser *Hadrian* erkannte im Jahre 135 n. Chr. die Bedeutung der Zeit, als sich eine alte Frau an ihn herandrängte, um ihm eine Bittschrift zu überreichen. Als der Kaiser sie mit der Bemerkung abwies, daß er jetzt keine Zeit habe, sie anzuhören, murrte sie:

„Wenn Du keine Zeit für Menschen hast, solltest Du nicht Kaiser sein!" Der Kaiser stutzte darüber, wurde verlegen, entschuldigte sich und nahm ihr Gesuch freundlich entgegen.

Von der Art zu leben und zu arbeiten hängt es ab, ob die Zeit des Menschen ein himmlisches Geschenk oder eine teuflische Belastung ist. Je mehr der Mensch zu tun hat, desto schneller verrinnt die Zeit.

Jeder Mensch hat gewisse Gefühle für die Zeit. Der kürzeste für den Menschen erfaßbare Augenblick beträgt ca. 1/12 Sekunde. Der erfaßbare Augenblick für eine Schnecke beträgt 1/4 Sekunde. Es gibt Fischarten, deren kürzester erfaßbarer Augenblick 1/30 Sekunde beträgt. Zeitwerte und Zeitgefühle sind also recht unterschiedlich.

Jedes Individuum hat im Verlaufe eines Jahres die gleiche Zeit und Zeitstrecke zur Verfügung, nämlich

52 Wochen
365 Tage
8 760 Stunden
525 600 Minuten
31 536 000 Sekunden.

Kein einziger Mensch hat mehr oder weniger. Um die Zeit zu nutzen oder zu vergolden, braucht jeder „Selbstorganisation“. Solche, die mit Zeitgefühl leben, haben genug Zeit und erfreuen sich an ihr. Andere kommen aus dem Jammern und Stöhnen über ihre Zeitnot nicht mehr heraus.

Je älter wir werden, um so schneller scheint die Zeit abzulaufen. Bei Menschen mit großen Problemen verrinnt die Zeit langsam. Für Menschen, die glücklich leben, oder Menschen, die lieben, vergeht die Zeit wie im Flug.

Wir alle erlebten aber schon, daß bei Problemen auch die Zeit oft *heilt*. Oder wir brauchen eine Nacht Zeit, um etwas zu überschlafen.

Die Zeit dient nie von allein. Sie wurde dem Menschen einst gegeben, nicht um sie zu verschwenden, sondern um sie zu nutzen und gut anzulegen. Wohl kann der Mensch die Uhren stoppen, aber nie die Zeit anhalten.

Jeder weiß, daß man aus Zeit Geld machen kann. Leider wird aber vielfach übersehen, daß mit Geld keine Zeit zu erkaufen ist. Das ginge nur, wenn man mit Rationalisierung und Zeitgefühl versuchte, Zeit einzusparen. Dadurch könnte man dann Zeit gewinnen.

Wer keine Zeit mehr hat, bleibt in seiner starren Routine und kann nichts Neues beginnen. Wer unter Zeitnot im Beruf arbeitet, hat selten neue Ideen. Kreativität und Ideen brauchen aber Zeit.

Mir scheint, daß sich unsere Gesellschaft wohl für das Geld und gegen die Zeit entschieden hat. Menschen aber, die nach immer größerem Wohlstand jagen, sich überladen und herumhetzen, ohne sich jemals Zeit zu gönnen, um ihre Erfolge zu genießen, sind wie Menschen, die immerfort laufen und hasten, doch nie ihr Ziel erreichen.

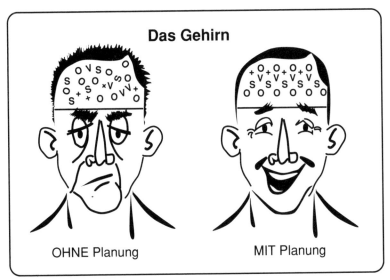

Abb. 6: Geistige Rationalisierung durch Planung des Gedankengutes

Oder wie *Voltaire* sagte, daß wir in der einen Hälfte unseres Lebens die Gesundheit opfern, um Geld zu bekommen – und in der anderen viel Geld brauchen, um die Gesundheit wieder zu erlangen.

Oft reicht uns ein Tag nicht, und wir möchten am liebsten Zeit stehlen. Doch Schnelligkeit ist relativ: Ein Fußgänger legt in der Sekunde etwa 1 m, der Mond 1000 m und das Licht 300 000 km zurück!

Ohne Lernen gibt es kein menschliches Wachstum mehr. Wer keine 15 oder 30 Minuten am Tag für einen Lernprozeß einplant, kann nichts Neues mehr lernen. 30 Minuten am Tag sind 180 Stunden im Jahr oder vier Wochen!

Die Zeit selbst hat an und für sich keinen Wert. Nur die Dinge, die wir in dieser Zeit tun oder erwerben können, das sind die Werte. Der Mensch hat nicht wenig, sondern sehr viel Zeit. Er *nutzt* sie nur oft gar nicht. Wer täglich nur eine Stunde verliert, büßt in 50 Jahren 18 250 Stunden ein.

> *„Das Gold der ganzen Welt ist nicht imstande, auch nur eine vergangene Minute oder Chance zurückzuholen!"*
>
> *Domenico Cavalca*

Zeitstrategie für Zeitgewinne

Ursachen von Zeitverlusten

1. Unklare Ziele und Aufgabenstellungen
2. Fehlende Prioritäten
3. Disziplinlosigkeit und Unpünktlichkeit
4. Fehlendes Zeitbewußtsein – Planungslosigkeit
5. Planungslose und wilde Chefs
6. Unordnung und Ordnungslosigkeit
7. Nichteinhalten von Terminen und Zeiten
8. Zeitdiebstähle durch Kollegen und Kunden
9. Kooperations- und Delegationsmängel
10. Unzufriedenheit durch Demotivationen
11. Hektik durch Überlastung
12. Zu viele und zu lange Besprechungen
13. Zu wenig Informationen
14. Langes Privatisieren oder Zerreden
15. Dauernde Umorganisationen
16. Machtkämpfe und Kompetenzkonflikte
17. Entscheidungsfeigheit
18. Selbstüberschätzung und Starkult
19. Keine Monats- und Jahresplanung
20. Schwache Chefs und fehlende Kontrollen

Wodurch Zeit gewinnen?

1. Mit Zeitgefühl leben

2. Zeitdiebe an die Zeit erinnern (Zeitverzehr)

3. Planen und die Zeit organisieren

4. Prioritäten setzen und Termine sehen

5. Delegationen und Aufgaben terminieren

6. Ordnung durch Systematik schaffen

7. Sich nicht in Kleinigkeiten verlieren

8. Routinearbeiten auflisten

9. Zeitnot und Überlastung wegorganisieren

10. Verhandlungen vorher planen

11. Disziplin und Verläßlichkeit anerziehen

12. Moderne Zeithilfsmittel nutzen

13. Weniger reden und schreiben (Telex und Telefax)

14. Zeitkontrollen einführen und Zeitmessungen machen

15. Vor Besuchen anmelden

16. Probleme sofort anpacken

17. Stellvertretung regeln

18. Bildungsplanung für zwei bis drei Jahre machen

Zeitweisheiten

1. Zeit ist die Nahrung für die Lebensfähigkeit, denn ohne Zeit würde die Welt stillstehen.

2. Zeit ist der Stoff des menschlichen Lebens und die Substanz zum Glücklichsein.

3. Jeder macht sein Leben aus seiner Zeit.

4. Jedes Wachstum braucht Zeit.

5. Große Erfolge brauchen immer ihre Zeit.

6. Planung braucht Zeit, doch sie bringt mehr Zeit.

7. Niemand lebt vom Geld, sondern von der Zeit, die Geld bringt.

8. Menschen, die in Zeitnot und Hektik leben, kommen überall zu kurz.

9. Alles, was man in Unruhe und Hast tut, macht man nur halb so gut, wie man es tun könnte.

10. Wer unter Zeitnot leidet, kann kaum mehr lächeln.

11. Mitarbeiter, die ihre Zeit vergessen, vergessen ihren kostbarsten Besitz.

12. Wer keine Zeit für Schönes hat, hat selbst Schuld.

13. Zeitmangel macht nervös, führt zu seelischem Druck und macht krank.

14. Jede Überlastung erfolgt durch Überladung, für die die Zeit fehlt.

15. Verlorene Zeit kehrt nie zurück.

16. Zeitverluste sind Lebensverluste.

17. Wer die Zeit nicht ehrt, ist die Zeit nicht wert.

18. Alles, was man in Hast, Hektik und Zeitnot tut, tut man nur halb so gut, wie man es tun könnte.

3. Verhandlungstech-
niken und -taktiken
(Gespräche und Kommunikation)

„Über die Freundlichkeit:
In der Kommunikation ist sie hilfreich.
Beim Verhandeln bindet sie Menschen.
Sie vertreibt Skepsis und Mißtrauen.
Sie erleichtert die Arbeit."

Bruno Neckermann

Psychologie der Gesprächsführung

Das Gespräch ist die wichtigste Art der Kommunikation zwischen Menschen. Es ist die Kunst, durch Informationen im Dialog zu beraten, zu helfen und bei Verkaufsabsichten zu überzeugen.

Das Gespräch zwischen Vorgesetzten und Mitarbeitern dient dem Zweck, Menschen richtig zu führen, partnerschaftlich zu leiten und die vorgegebenen Organisationsziele zu erreichen. Durch erfolgreiche und angstfreie Gespräche werden die Arbeitsergebnisse verbessert.

Durch Gespräche wird theoretisches und praktisches Erfahrungswissen verknüpft. Dadurch werden Erkenntnisse und neue Ideen geweckt. Ein Erfahrungsaustausch ohne offene Gespräche ist nicht möglich.

Bekanntlich besteht ein Gespräch nicht aus einem Monolog, sondern aus einem *Dialog.* Der Gesprächserfolg ist von der Kommunikationsbereitschaft von meistens zwei Personen abhängig. Diese wiederum basiert auf einer Gesprächsmotivation. Ist diese nicht vorhanden, so sind bereits einige Konflikte vorprogrammiert.

Auch die Aufnahmefähigkeit spielt bei beiden Partnern eine maßgebliche Rolle. Sie wird durch die physische und psychische *Verfassung* beeinflußt. Die Kommunikationsbereitschaft und die Aufnahmefähigkeit können stark blockiert sein durch

• die physische Situation (Krankheit, Ermüdung),
• die psychische Situation (Ärger, Demotivation, Mißerfolg),
• äußere Umstände (Thema, Zeitpunkt, Personen, Lärm).

Der Mensch ist in seinem Verhalten vorrangig *emotional* gesteuert. Ohne Absicht wird aus einem sachlichen Gespräch oft eine Debatte, und man verläßt die Diskussion. Das Streitgespräch beginnt. Es kommt zu affektiven Überlagerungen. Dagegen gibt es nur folgende Mittel: Besonnenheit, Vernunft, Selbstkontrolle mit der Beherrschung der eigenen Gefühlslage.

Ein für beide Teile gewinnbringendes Gespräch zu führen gelingt nur in einer Atmosphäre des gegenseitigen Vertrauens. Vertrauen auf Vorschuß, Fairness, Zuwendung, Offenheit und Takt kann man jedem Menschen geben. Wer sagt, was er denkt, wer sich so gibt, wie er wirklich ist, und wer ehrlich gegen sich selbst ist, wird immer überzeugen. Er läuft auch nicht Gefahr, sich in Widersprüche zu verwickeln.

Machen Sie sich in Gesprächen und Verhandlungen folgende **Leitsätze** bewußt:

1. **Wir müssen die Menschen so nehmen, wie sie sind, und nicht, wie wir sie gerne haben möchten.**

2. **Nichts zwischen Gesprächspartnern ist schlimmer als Kälte.**

3. **Frohsinn, Wärme und Vertrauen vertreiben jedes Mißtrauen.**

4. **So wie man aussieht, so wird man angesehen.**

5. **„Ärger" ist „*Selbstbeschädigung*" und damit Energieverschwendung.**

6. **Was nicht in der Seele des Menschen ist, kann nie von der Seele kommen.**

7. **Wer mit den Schwächen des anderen freundlich und taktvoll umgeht, bekommt kaum Probleme.**

8. **Aus der *Ruhe* kommt immer die Kraft.**

Freundlichkeit

Jeder kennt sie, braucht sie.
Jeder trägt sie in sich, hat sie.
Sie ist wie die warme Sonne.
Wenn sie von innen kommt, echt ist.

Es braucht nicht viel zur Freundlichkeit:
Interesse, Bemühung, Zuwendung, gute Gefühle.
Auch ein bißchen Vertrauen in andere, Fremde.
Das kostet nichts, strengt nicht an.

In der Kommunikation ist sie hilfreich.
Beim Verhandeln verbindet sie Menschen.
Sie vertreibt Skepsis und Mißtrauen.
Sie macht Dinge beim Arbeiten leicht.

Es gibt freudlose, lieblose Menschen.
Verbissen, seriös, sachlich, trocken.
Kritisch, mißtrauisch, ängstlich.
Sie führen ein *schweres* Leben.

Freundlichkeit zieht an, steckt an, tut gut.
Sie hilft, streichelt, macht schön.
Sie ist der Sauerstoff des Herzens.
Sie ist der Frohsinn des Charakters.
Sie ist die Kernenergie aller Motivationen.

Die Kommunikation beim Verhandeln

Menschen finden und einigen sich nur im Zusammenleben. Zusammenleben entsteht durch offene oder verdeckte Mitteilungen, Signale, Botschaften, Reize – also durch Kommunikation.

Kommuniziert wird immer dort, wo Menschen zusammen sind. Kommuniziert wird jederzeit und von jedermann, auch wenn nichts gesagt wird. Blicke, Hände, Gesichter, Stimmen und Augen sagen oft mehr als Worte.

Am stärksten kommuniziert wird dann, wenn Menschen unehrlich sind oder eine Rolle spielen. Das „Spiel zur Schau" oder Schauspiel bedarf einer besonderen Lautstärke oder Betonung, also Bemühung.

Worte oder Schweigen, Handeln oder Nichthandeln ... alles sind Mitteilungen. Sie beeinflussen andere Menschen immer. Wie die Umwelt auch darauf reagiert, was sie sagt oder nicht sagt – sie kommuniziert ebenfalls.

Wenn wir mit Menschen zusammen sind, dann ist es unmöglich, nicht zu kommunizieren. Wer sein Bewußtsein darauf einstellt und darauf achtet, der lernt viele dieser Botschaften und wahrnehmbaren Signale kennen. Er ist dann in der Lage, tiefer zu schauen!

Ohne Wollen	– kein Interesse
Ohne Interesse	– keine Bemühungen
Ohne Bemühungen	– keine Kontakte
Ohne Kontakte	– kein Gespräch
Ohne Gespräch	– kein Verständnis
Ohne Verständnis	– kein Verstehen
Ohne Verstehen	– keine Verbindung
Ohne Verbindung	– keine Einigung
Ohne Einigung	**– kein Erfolg!**

Die Planung von Verhandlungen

Ohne Planung hat in einer Verhandlung schnell das Chaos die Macht. Eine Verhandlung ohne Planung verliert und verläuft sich. Beide Partner verlieren den Blick für das Wesentliche, die Logik, die primären und sekundären Ziele. Ein Berater, der seine Punkte, Fragen, Ziele und Vorschläge nicht vorher notiert, braucht die doppelte Zeit, die fünffache Konzentration und vergißt das Wichtigste.

Die **Planungstätigkeit** läßt sich mit sechs Hauptfragen zusammenfassen:

1. Was ist zu planen?
2. Für wen und mit wem?
3. Wofür?
4. Womit?
5. Wann?
6. Wo?

Eine Verhandlungsplanung macht die *Ziele* sichtbar und verhindert die Einkehr der starren Fachroutine. Die *Fragen,* die ein Berater stellen muß, sollten aus Gründen der Übersicht zusammengefaßt und extra aufgelistet werden.

Fragen sind meistens die „Mütter der Dialoge" in Verhandlungen. Eine gute Beratung besteht nie aus einseitig gelieferten Informationen oder Monologen, sondern aus *Dialogen* im Frage- und Antwortrhythmus.

Wer seine Verhandlung plant, fängt richtig an zu denken. Durch die Planung wird eine „Strategie" entwickelt. Diese besteht aus einzelnen *Taktiken,* die systemgebunden sind. Erst mit Planung wird man ein guter Taktiker, weiß, was man will, und braucht wenig Konzentration.

Es gibt – je nach Verhandlungscharakter – viele Dinge, die man vor einer Verhandlung einkalkulieren muß. Die folgende Checkliste ist branchenneutral. Schneiden Sie diese auf Ihre Branche und Position zu, und streichen Sie solche Empfehlungen, die für Sie nicht in Frage kommen.

Verhandlungen

Organisation für
Beratungs- und Verkaufsgespräche

1. Informationen über den/die Beteiligten einholen
2. Beschaffung von Informationen über die Sachlage
3. Kontaktaufnahme (per Post/telefonisch/Fax)
4. Terminvereinbarung, Bestätigung, Zeitplanung
5. Studium der bisherigen Verbindungen (Vergangenheit)
6. Hauptziele und Teilziele festlegen
7. Verhandlungsplanung und Taktiken entwerfen
8. Heikle Dinge nicht am Anfang bringen
9. Fragen notieren (Liste)
10. Mögliche Einwände voraussehen
11. Alternativen und Kompromisse einbauen
12. Weitere Personen einkalkulieren
13. Firmenphilosophie und -instruktionen beachten
14. Sonder- und Dienstleistungen einbeziehen
15. Wettbewerbseinflüsse untersuchen
16. Offerte und Dokumentation erstellen
18. Eigene Arbeitsunterlagen festlegen
19. Demonstration organisieren (Experten hinzuziehen)
20. Verhandlungsraum vorbereiten (wenn erforderlich)
21. Freiräume einplanen (Pause, Essen, Service)
22. Belobigung und Dank einplanen
23. Selbstbeobachtung und -kontrolle planen
24. Mit Geschenk überraschen? (kleine Aufmerksamkeit)
25. Passende Kleidung wählen
26. Ehrgeiz und Optimismus programmieren

Abb. 7: Eine Verhandlung ohne Strategie und Planung

Charmante, belebende Begrüßungsformen
(AAA – Anders als die anderen)

Kontakt- und Begrüßungsformen sind meistens alte Phrasen.
Ohne Herz, Gefühle, Anteilnahme und ein echtes Lächeln. Ein
Gruß ohne Lächeln ist reine Formsache.

Man denke an die uralte Phrase „Wie geht's?" Wie muß und
soll der Angesprochene dann reagieren? Geht es ihm schlecht,
hat er Kummer oder Schmerzen, so ist er zu einer *Lüge* verurteilt. Also ist diese Frage peinlich.

Nichts gegen normale oder dialektische Wendungen der heimatlichen Landessprachen wie „Grüezi" oder „Hoi" oder „Hallo", die familiär sind. Auch gegen das „Guten Morgen" ist nichts einzuwenden, nur diesen Gruß verwendet die große Masse. Wie könnten Sie sich unterscheiden nach dem Motto AAA (Anders als die anderen)?

Ich empfehle Ihnen ein Charme-Training mit Mut zu außergewöhnlichen Wirkungen gegen Phrasen, Gewohnheiten und die geistige Monotonie. Die folgenden **Bausteine** sind **zum Anlehnen, Üben, Probieren:**

1. Einen wunderschönen Tag, Frau Hoffmann!
2. Ich grüße Sie mit Freude, Herr Furrer!
3. Ich freue mich, Sie wiederzusehen!
4. Einen recht schönen und guten Morgen!
5. Welche Freude, Sie begrüßen zu können!
6. Einen guten Nachmittag wünsche ich Ihnen!
7. Einen sonnigen und guten Morgen!
8. Darf ich Ihnen einen erfolgreichen Tag wünschen!
9. Einen schönen und guten Tag, Herr Schneider. Es tut gut, Ihre Stimme zu hören! (Telefon)
10. Guten Morgen, Herr Maurer, ich wünsche Ihnen einen glücklichen Tag!
11. Einen guten und schönen Nachmittag!
12. Ein freudiger Moment, Sie wieder begrüßen zu können!
13. Auch bei Regen wünsche ich Ihnen einen heiteren Tag!
14. Ihr freundlicher Empfang verschönert mir den Tag!
15. Ich freue mich, Sie zu hören! (Telefon)

Einleitungen und Eröffnungen

Erste Sätze ergeben erste *Eindrücke*. Erste Stimmen, Töne und Klänge lassen erste Urteile und Vorurteile entstehen. Diese werden durch Empfindungen, Gefühle, Sympathien, Antipathien geprägt. Die Sicherheit oder Unsicherheit im Auftreten spielt dabei oft eine entscheidende Rolle.

Ein bekannter Dramaturg sagte mir dazu vor vielen Jahren: *„Zur Lebenstüchtigkeit gehört auch die hohe Fähigkeit, notfalls ‚Sicherheit spielen' zu können, wenn noch gar keine Sicherheit vorhanden sein kann."*

Bei Verhandlungsanfängen müssen in der Regel Abwehr, Mißtrauen und Vorurteile beseitigt werden. Deshalb muß man vor einer Beeinflussung erst einmal Vertrauen und Sympathien erwerben, weil es ohne Glaubwürdigkeit keinen Erfolg gibt. Am besten stellt man hier *Fragen,* um zu beschäftigen, zu einem Dialog zu kommen, also das **Zwiegespräch** zu erreichen. Probieren Sie es mit folgenden **Rohideen:**

1. Alte Ideen sind nur solange gut, bis neue und bessere gefunden werden. Darf ich Ihnen einige neue Erfolgsvorschläge unterbreiten?

2. Mit welcher Idee haben Sie zuletzt versucht, eine neue Erfolgsepoche einzuleiten?

3. Wie würden Sie uns belohnen, wenn wir Ihre Gewinne in zwei Jahren partnerschaftlicher Zusammenarbeit um die Hälfte erhöhen würden?

4. Sie möchten mehr Erfolg. Dabei können wir Ihnen helfen. Darf ich Ihnen mit wenig Zeit einen Erfolgsvorschlag unterbreiten?

5. Ich bin sehr optimistisch gekommen und für Sie gut vorbereitet. Erlauben Sie mir zunächst ein paar Fragen, damit wir zu einem Erfolgsdialog kommen.

6. Es muß manchmal etwas passieren, damit Neues und Besseres passiert. Dazu benötige ich Ihr „Vertrauen auf Vorschuß" und einige Informationen.

Die Fragetechnik

Diese Technik ist eigentlich eine Psychologie. Eine Psychologie, um Menschen zu *öffnen* und zu beschäftigen. Sie gehört zu den bedeutendsten Techniken in dem riesigen Feld der Verhandlungspsychologie, denn sie hat die stärkste Suggestivkraft. Der Verhandlungspartner *muß* bei einer Frage so oder so reagieren.

Fragen...

... führen, leiten, dirigieren,

... zwingen zu einer Reaktion, beschäftigen,

... öffnen und manipulieren (positiv),

... sind Initiatoren, bewegen Gefragte,

... bringen Information, sind Wegweiser,

... stoppen das Zuvielreden,

... zeigen Sympathie und Antipathie,

... holen Einwände.

Man kann fragen nach: Vergangenheit, Erfahrungen, Situationen, Problemen, Zufriedenheitsgrad, Urteilen, Zielen, Zukunft, Umwelt, Personal, Familie, Hobby – je nach Kontakt. Selbst dumme Fragen sind noch besser als gar keine Fragen. Doch es gibt eigentlich keine dummen Fragen, es gibt nur Dumme, die nicht fragen.

Eine Verhandlungsplanung ist eine Erfolgsplanung. Zu ihr gehört die **Frageplanung.** Alle Fragen, die zu einer Verhandlung gehören (10 bis 30, je nach Branche), sollten Sie *separat* auflisten. Fragen sind die Nahrung für jedes Verkaufsgespräch.

Die Fragearten

1. Informationsfragen   (Informationen)
2. Kontrollfragen   (Kontrolle)
3. Öffnende Fragen   (Ankurbelung)

4. Schließende Fragen   (Bestätigung)
5. Gegenfragen   (taktlos)
6. Alternativfragen   (weitere Möglichkeiten)
7. Rhetorische Fragen   (suggestiv-dominierend)
8. Sokratische Fragen   (Manipulation)
9. Suggestivfragen   (beeinflussend)
10. Wiederholungsfragen   (Verdummung)

> *„Wer zuviel redet, redet allein.*
> *Wer allein redet, redet zuviel!"*

Beispiele für verschiedene Fragetechniken

1. Informationsfragen

Darf ich fragen, ob Sie schon einmal in früherer Zeit Verbindung mit unserem Unternehmen hatten?

Würden Sie mir erlauben, Ihnen eine Erfolgsstrategie zu unterbreiten mit einem Produkt, das den Aufwand verringert und die Gewinne erhöht?

2. Kontrollfragen

Darf ich annehmen, daß Sie die vielen Vorteile unserer verläßlichen Dienstleistungen erkennen?

Ist noch irgendeine Frage von Ihrer Seite zu meinen Erläuterungen offen?

3. Öffnende Fragen

Sie erlauben mir sicher, Ihnen einen Überblick über unsere neue Produktpalette zu geben, nicht wahr?

Darf ich sicher sein, daß der Zeitpunkt für meinen Besuch richtig ist?

4. Schließende Fragen

Ich darf sicher sein, daß Sie die vielen Vorteile für Ihr Unternehmen erkannt haben, nicht wahr?

Haben Sie noch irgendeine Frage zu unserem Angebot?

5. Gegenfragen

Darf ich vor meiner Antwort auf Ihre Frage noch eine Gegenfrage stellen?

Ich erkenne den Sinn Ihrer Frage, aber darf ich vor meiner Antwort noch fragen...

6. Alternativfragen

Würden Sie vor Ihrer Entscheidung aber bitte noch eine andere Alternative betrachten?

Für Ihren Wunsch hätten wir zwei Alternativen. Möchten Sie gern ..., oder ...?

7. Rhetorische Fragen

Sie wollen damit doch nicht sagen, ... Sie möchten doch sicher nicht den Nachteil in Kauf nehmen, ...?

8. Sokratische Fragen

Mit Ihrer Erfahrung werden Sie mir sicher recht geben, daß ..., oder nicht?

Darf ich annehmen, daß Sie mit mir einer Meinung sind und mir recht geben?

9. Suggestivfragen

s.a. Rhetorische Fragen

10. Wiederholungsfragen

(Man wiederholt eine Frage, weil man keine Antwort weiß, oder man wiederholt eine Frage, um Zeit zu gewinnen.)

Abb. 8: Die zehn Fragekanäle

Das Überzeugen

Verhandlungspartner lassen sich selten nur „geistig" überzeugen. Ausnahmen gibt es in wissenschaftlichen und technischen Welten. Die Seele, Gefühle, Sympathien, der Geschmack usw. müssen gewonnen werden. Ein echter Erfolg resultiert aus der Tiefenbeeinflussung. Der Charakter muß erreicht werden, also das Unter- und Unbewußte.

Informieren, demonstrieren, fachsimpeln und Beschreibungen genügen nicht. Erfolgreich ist der *Dialog* im Frage- und Antwortspiel und nicht der Monolog. Ein Partner muß bewegt und beschäftigt werden. Produkte, Dienstleistungen, Vorteile, Nutzen, Gewinn – also Vorteile – müssen zum Leben erweckt werden.

Die stärkste Überzeugungskraft resultiert immer aus der *eigenen* menschlichen Überzeugung. Der Partner muß spüren und an Ihrer körperlichen Aktivität, Freude, Begeisterung sehen, daß Sie selber glauben, **was** Sie sagen und **wie** Sie es sagen. Dann suggerieren Sie, und suggerieren heißt „eingeben".

Will man in einen Partner hinein, muß man aus sich herauskommen.

Verhandlungskunst muß überzeugen, deshalb darf sie nicht nur *sachlich* und fachbezogen bleiben. Beeinflussen – ob offen oder verdeckt – ist:

* mit Emotionen suggerieren,
* Selbstbewußtsein zeigen,
* Eigenüberzeugung deutlich machen,
* Körpersprache einsetzen,
* Sympathien erwerben,
* Freude zeigen,
* Augenkontakt halten,
* nicht allein reden,
* nicht überreden.

Jeder Überzeugungsversuch erleidet Schaden durch „Zuvielreden". Zuvielreden führt zum Zerreden und Überreden. Überredungserfolge sind Pseudo-Erfolge.

Die Kunst des Zuhörens

Diese Kunst ist eine wunderbare Fähigkeit, mit der man Menschen erobern kann. Einer Ehefrau, einem Kind, den Kollegen, Vorgesetzten oder Kunden mit vollem Interesse zuzuhören zeigt offene Sympathie, Anteilnahme und Wertschätzung. Dazu aber gehört *Leben* und Aktivität beim Zuhören, im Gegensatz zur Leblosigkeit und Starrheit im Gesicht. Auch die Augen müssen leben.

Gutes und aktives Zuhören ...

- ist der Beginn menschlicher Kommunikation,
- verbindet Menschen seelisch,
- ist eine schweigsame Freundlichkeit,
- ist eine respektvolle Reverenz,
- liefert wichtige Informationen,
- macht das Erforschen möglich,
- motiviert den anderen,
- ist eine wohltuende Zuwendung.

Das aber ist nur möglich, wenn man sein Bewußtsein darauf einstellt. „Gut und sympathisch zuhören" ist zugleich auch „gutes Benehmen". Doch gutes Benehmen ist keine Selbstverständlichkeit. Man muß schon daran denken.

Gute Empfindungen, Gedanken, Botschaften und Informationen gehen verloren, wenn man dem anderen nicht gut zuhört. Man sorgt für eine „Distanz". Dies fällt dem Gesprächspartner auf. Wer freundlich zuhört, sieht auch freundlich aus. Wer freundlich zuhört, wirkt sympathisch.

Nur bei Vielrednern und langatmigen Zerrednern hat das Zuhören irgendwo eine Grenze. Das heißt, man benützt eine Atempause des anderen und bringt das Gespräch geschickt mit einer *Frage* wieder in die richtige Bahn zurück.

Empfehlungen:

1. **Liebenswürdig und freundlich zuhören.**
2. **Direkten Augenkontakt behalten.**
3. **Mit freundlichen, wißbegierigen Augen zuhören.**
4. **Interesse durch Nicken anzeigen.**
5. **Nie ins Wort fallen.**
6. **Partner entfalten lassen.**

> *„Gut zuhören ist ‚Schmeicheln ohne Worte'! Wer gut zuhört, hört, sieht, lernt und empfängt!"*

Einwände entkräften und meistern

Einwände sind wie *Dornen,* die schmerzen können. Es gibt indirekte, direkte, offene oder verdeckte Einwände. Wenn Kritiken oder Mängelrügen von Verhandlungspartnern auftauchen, dann haben diese sachliche oder persönliche Ursachen. Zu den persönlichen gehören auch die geschmacklichen Einwände und die Vorurteile, die meistens *verdeckt* sind.

Grundsätzlich sind zwei große Gruppen von Einwänden zu unterscheiden:

• die objektiven Einwände,
• die subjektiven Einwände.

Die *objektiven* sind echt, wahr, berechtigt und werden begründet. Die *subjektiven* sind in acht von zehn Fällen unecht, unwahr, vorgeschoben und stammen aus persönlichen Motiven wie Angst, Unsicherheit, Feigheit, Dummheit oder Vorurteilen.

Für Berater und Verkäufer sind Einwände die besten Verkaufshilfen, denn sie liefern wertvolle Informationen, Einstellungen und Argumentationshilfen. Deshalb sind Einwände beim Beraten oder Verkaufen nicht negativ, sondern positiv.

Subjektive Einwände sind schwierig, doch kann man sie geschickt überhören, verschleppen oder verzögern. Auf objektive Einwände ist immer einzugehen, doch der richtige Zeitpunkt ist oft entscheidend. Es gibt vier mögliche Zeitpunkte:

1. *Vorher* den möglichen und kommenden Einwand entkräften, *bevor* er ausgesprochen worden ist.

2. *Sofort,* im Regelfall.

3. *Später,* falls der Einwand zu früh kommt.

4. *Nie,* bei aggressiven Einwänden, Lügen und Täuschungsmanövern.

Jeder Verkäufer sollte alle möglichen Einwände gegen seine Produkte oder Dienstleistungen erforschen und auf einer Liste notiert haben.

Weitere Empfehlungen:

1. **Prüfen, ob ein Einwand objektiv oder subjektiv ist.**
2. **Für echte Einwände bedanken.**
3. **Subjektive Einwände notieren und Ursachen erforschen.**
4. **Bei Zweifeln Referenzen einsetzen.**
5. **Ohne Einwände ... mögliche Einwände erfragen.**
6. **In die Firma einladen.**

Argumente gegen Einwände
(Zum Zuschneiden und Kombinieren)

Einige immer wiederkehrende, typische Einwände und jeweils eine mögliche Entkräftung dazu:

Einwand: Sehr interessant, doch wir haben im Moment keinen Bedarf.

Antwort: *Damit habe ich gerechnet, Herr Meier, doch als guter Kaufmann disponieren Sie sicher im voraus. Ich bin nicht nur Verkäufer, sondern auch Berater. Darf ich Ihnen deshalb ein paar interessante Ideen liefern, womit Sie in absehbarer Zeit Ihre Erfolge ausbauen können?*

Einwand: Wir kaufen seit Jahren bei der Firma Hoffmann mit guten Erfolgen. Warum sollen wir wechseln?

Antwort: *Dafür habe ich Verständnis. Ihre Kunden können stolz auf Ihre Treue sein. Sie konzentrieren sich aber nur auf ein Unternehmen, sind von diesem abhängig, haben keine Vergleichsmöglichkeit mit der Güte, den Dienstleistungen und den Preisen. Genügt Ihnen diese einfache Sicherheit?*

Einwand: Wir haben ein ähnliches Produkt mit gleichen Vorteilen, aber niedrigerem Preis. Ihre Preise sind zu hoch.

Antwort: *Herr Schneider, Sie wissen, daß Preise immer relativ sind. Ohne unser Produkt zu kennen, können Sie nicht die Vorteile und den Nutzen vergleichen. Dies gilt auch für unsere gesamten Dienstleistungen. Bitte geben Sie mir einen Termin und etwas Zeit, um das unter Beweis stellen zu können.*

Einwand: Ihre Firma lehnen wir nicht ab, aber als Wiederverkäufer kaufen wir nur über den Großhandel.

Antwort: *Ich danke für Ihre Sympathie. Ihre Treue zum Großhandel ist zu respektieren. Darf ich aber darauf hinweisen, daß Sie auf eine individuelle Beratung, Verkaufshilfen und Dienstleistungen für Ihre Kunden angewiesen sind. Sie brauchen auch Hilfe*

bei Reklamationen. Nichts gegen den Großhandel,
aber er ist nur Mittler und Verteiler!

Einwand: Danke nein, ich habe vor Jahren schlechte Erfahrungen mit Ihrer Firma gemacht.

Antwort: *Herr Brahms, das, was Sie sagen, überrascht und*
entsetzt mich. So etwas habe ich noch nie gehört.
Bitte, sagen Sie mir, wer hat Sie wann und womit
enttäuscht? Wir können uns nicht erlauben, einen
möglichen Kunden wie Sie zu verärgern und wer-
den sofort alles tun, um diese Dinge aus der Welt
zu schaffen!

Preise und Preisverhandlungen

Alles hat seinen Preis. Jedes Produkt, jede Dienstleistung muß
Vorteile bringen, also Nutzen, Produktivität, Gewinn, Geld über
die Anwendung und Wirkung hinaus. Damit kommt der Erfolg.

Ein Produkt oder eine Dienstleistung ist immer ein Mittel zum
Zweck. Der *Zweck,* also Nutzen und Vorteile, ist wichtiger als
das Mittel. Der Preis muß in das Verhältnis zwischen dem
Zweck, den Vorteilen oder dem Gewinn gesetzt werden. Dies
gilt auch für Dienstleistungen, die für einen Käufer nicht sichtbar sind.

Da Preise in Relation gesetzt werden müssen, sind sie immer
relativ. Es kommt darauf an, was man für einen Preis erhält.
Preise sind auch **Beweise.** Bieten Firmen *billig* an oder sogar
billigst, dann wissen diese, was sie wert sind. Mißtrauen entsteht. Doch auch das Exklusive, das Wertvolle mit hohem Gütegrad, läßt sich am Preis erkennen. Für manche Kunden ist das
Teuerste gerade gut genug.

Wer billig verkauft, mit Nachlässen oder Rabatten seine Werte verschleudert, setzt auch sein Image, die Dienstleistungen und sein Ansehen herab. Wer billig verkauft, repräsentiert kein marktführendes Unternehmen und kann keine Marktspitzen liefern. Hohe Preise sind ebenfalls Beweise. Berater und Verkäufer sollten so ausgebildet werden, daß sie genau wissen, was *hinter* einem Preis steckt.

Ein Computerunternehmen in Zürich trainiert seine Berater einmal im Jahr – neben persönlichkeitsbildenden Seminaren – darauf, wie man Preise verkauft, insbesondere wie man hohe Preise verkauft und wie man Preise verteidigt. Damit hat man die Umsätze um über 40% erhöht. Durch JA-sagen erkauft man sich Umsätze bei unverschämten Rabattforderungen, durch NEIN-sagen ... Gewinn!

Empfehlungen:

1. **An Preisrelationen denken.**
2. **Nicht mit Preisen beginnen.**
3. **Erst Vorteile nennen ... später die Preise.**
4. **Zu frühe Preisfragen etwas verzögern.**
5. **Hohe Preise als Beweise einsetzen.**
6. **Nie von „teuer" und „billig" reden.**
7. **Mit festem Preisgefüge argumentieren.**
8. **Keine Angst vor hohen Preisen haben.**

Argumente für die Preisverteidigung

Die Annahme ist, ein Kunde sagt: „zu teuer" und erwartet daneben einen Preisnachlaß. Hierzu einige Argumente:

1. Darf ich darauf hinweisen, daß Preise immer relativ sind. Wir haben weder teure noch billige Produkte. Sie werden das erkennen, wenn ich Ihnen die Vorteile, den Nutzen und Gewinn erläutere.

2. Ihr Preiseinwand überrascht mich sehr. Würden Sie mir bitte sagen, im *Verhältnis wozu* Ihnen dieser Preis zu hoch erscheint?

3. Richtig, wir liegen im Preis wohl höher, doch sind bei uns gerade die Preise auch *Beweise*. Wir kalkulieren sehr gewissenhaft und genau. Darf ich Ihnen jetzt die Vorteile nennen?

4. Wir existieren jetzt seit über 30 Jahren und haben unseren Bekanntheitsgrad *ohne* Nachlässe erworben. Wir haben echte Marktspitzen, auf die meine Firma keine Nachlässe geben kann.

5. Sie brauchen als guter Kaufmann sicher ein erstklassiges und gewinnbringendes Produkt. Dann aber können Sie nichts *Billiges* verlangen.

6. Wenn wir zu solchen Preisen liefern würden, dann müßten Sie auf die individuelle Beratung, auf Problemlösungen und unsere Dienstleistungen verzichten. Gerade das sind aber unsere großen Stärken und mit der Grund für unsere Erfolge.

7. Sie bringen mit Ihrer Forderung einen unserer besten Pfeiler ins Wanken, nämlich unser Preisgefüge. Darf ich fragen, ob Sie alle Rabattwünsche Ihrer Kunden erfüllen?

8. Ich bitte um Ihr Verständnis, aber mit Ihrem gewünschten Preis können wir nicht verkaufen. Auch wenn ich ablehnen muß, so lege ich doch Wert darauf, daß wir in Zukunft in einer guten Geschäftsverbindung bleiben.

9. Sie wünschen einen beträchtlichen Nachlaß. Würden wir dazu **Ja** sagen, dann wären unsere Kunden am Ende die Betrogenen, weil sich das mit Sicherheit bald auf die Güte niederschlagen würde.

10. Ihr Preiseinwand überrascht mich. Sie erlauben aber sicher, daß wir genau wissen, was unsere Dienstleistungen wert sind. Würden *Sie* Ihre eigenen Erzeugnisse weit unter ihrem Wert verkaufen?

11. Unsere Preise sind sehr genau kalkuliert. Unsere langjährigen Kunden respektieren diese Preise und wissen, was sie dafür bekommen.

12. Es kam diesmal wegen einer Preisdifferenz nicht zu einem Geschäft. Darf ich mich trotzdem auf unsere nächste Begegnung freuen?

Leitsätze für die Preispolitik

1. Kein Produkt ist verantwortlich für das, was ein Verkäufer aus ihm macht.

2. Verkaufsberater sollten nach einem Mißerfolg prüfen, ob die Ursache mit dem Preis oder mit *ihnen* zu tun hat.

3. Ein Produkt wird nie vom Preis, sondern vom *Nutzen* regiert.

4. Preise sind die Visitenkarte eines Unternehmens.

5. „Billige" Produkte gehören am Ende zu den teuersten.

6. Ein guter Verkäufer redet nie von „teuer" oder „billig".

7. Was viel *bringt,* darf auch Geld kosten.

8. Unternehmen, die bei Preisdrückern nicht NEIN sagen können, müssen alle Forderungen schlucken.

9. Hohe Preise sind auch Beweise.

10. Verkäufer, die beim Tauziehen um den Preis kleben bleiben, haben weitaus weniger Erfolg als solche, die nur 10% ihrer Zeit dazu verwenden, über den Preis und 90% über Vorteile, Nutzen, Produktivität und Gewinn zu reden.

11. Es gibt in jeder Verhandlung nur ein paar entscheidende Minuten, die für den Erfolg ausschlaggebend sind.

12. Findet ein Kunde kein Vertrauen zu einem Verkäufer, dann hat er auch kein Vertrauen zum Preis.

13. Wer „sich selbst verkaufen" kann, der kann alles verkaufen.

14. Wer Selbstvertrauen, Eigenüberzeugung und Optimismus ausstrahlt, beseitigt jedes Mißtrauen.

15. Hat ein Verkäufer zu viele Mißerfolge, dann hat das meistens die gleichen Ursachen.

Überzeugend demonstrieren

Gemeint ist damit die „Technik des Vorführens". In der Verkaufspsychologie und auch in der technischen Beratung ist dies eine der wichtigsten Handlungen.

Produkte oder Dienstleistungen „glaubwürdig" zu machen, dazu gehört **Eigenüberzeugung.** Die stärkste Überzeugungskraft resultiert immer aus der *eigenen* Überzeugung. Ein Interessent muß sehen und hören, daß der Berater selbst an das glaubt, was er sagt.

Produkte müssen beim Vorführen zum *Leben* erweckt werden. Zum Beleben aber gehört von seiten des Beraters **Leben** mit der Aktivität des Herzens. Argumentiert ein Verkäufer mit Freude, Stolz, Hochachtung oder sogar Enthusiasmus, dann verscheucht er jegliches Mißtrauen. Man *hört* und sieht, daß er sich mit seinen Werten und seinem Unternehmen voll identifiziert.

Zum Leben und Beleben gehört natürlich auch die „Körpersprache". Hände, Gesichter, Augen usw. müssen tätig sein. Das aber geht nur, wenn die Seele mitmacht. Extrovertierte Verkäufer sind beim Sitzen sehr eingeengt, sie stehen lieber.

Eine wichtige Regel ist, daß der Partner beschäftigt wird. Ein Automobil verkauft man am ehesten im Wageninneren, damit der Interessent „spielen" kann. Auch an einem Computer muß ein Interessent schnell Platz nehmen können.

Fassen wir die **wichtigsten Faustregeln** zusammen:

1. Mit Freude und Stolz vorführen.
2. Produkte und Werte zum Leben erwecken.
3. Optisch und bildhaft demonstrieren.
4. Auf Körpersprache achten.

5. Partner heranziehen und beschäftigen.
6. Spannung und Neugier wecken.
7. Kontrollfragen einblenden.
8. Aufdringlichkeit vermeiden.
9. Respekt und Hochachtung zeigen.
10. Prospekte nicht zu früh einsetzen.

Dienstleistungen mit ihren Werten verkaufen

Vielerorts konzentrieren sich Verkäufer und Techniker nur auf ihre Produkte und vergessen die Dienstleistungen. Sie kommen zu schnell zu einem Verkaufsversuch und gehen das Risiko der Abwehr mit Einwänden ein. Dabei verfügt jedes Unternehmen über eine Fülle von Dienstleistungen, die nicht sichtbar sind, doch große Werte darstellen.

Dasselbe gilt für das Unternehmen selbst, das die meisten Verkäufer weder *vergolden* noch mit Freude und Begeisterung „verkaufen". Dabei könnte man bei jedem Kontakt neue und interessante Informationen liefern, sogar für langjährige Kunden.

Besonders bei Erstbesuchen und -kontakten sind die Dienstleistungen als *zusätzliche Sicherheit* von Wichtigkeit. **Was könnte man also als besondere Vorteile neben den Produkten herausheben, zu Werten entwickeln und in Argumente kleiden?** Studieren Sie die folgenden Ideen:

Das Unternehmen

1. Zufriedene und dankbare Kunden.
2. Ein modernes Unternehmen.
3. Hoher Bekanntheitsgrad.
4. Internationaler Absatzradius.
5. Niederlassungen in soundso vielen Ländern.
6. Firmengröße.
7. Kundenorientierte Geschäftsführung.

8. Rationelle Vertriebsstrukturen.

9. Freudige Mitarbeiter.

10. Risikoloses Unternehmen.

11. Marktführende Position.

12. Garant für die Wettbewerbsfähigkeit.

Service und Dienstleistungen

1. Außergewöhnliche Dienstleistungen mit partnerschaftlichem Denken.

2. Ehrlichkeit, Offenheit und Dankbarkeit gegenüber unseren Kunden.

3. Experten mit guter Ausbildung.

4. Individuelle Betreuung.

5. Zuverlässiger Innendienst.

6. Schnelle Kommunikation.

7. Lösung fast aller Kundenprobleme.

8. Rationalisierungs- und gewinnberatung.

9. Telefonservice und -beratung.

10. Entwicklung, Forschung.

11. Werbung.

12. Verkaufshilfen.

13. Montagen mit Beratung.

Die Abschlußtechnik

Der größte Aufwand, die besten Vorbereitungen und alle Bemühungen in einer Verhandlung werden zu einer Sisyphusarbeit, wenn es nicht zu einer Einigung oder zu einem Abschluß kommt. Natürlich gibt es in manchen Branchen Verhandlungen für große Objekte, die sich über ein halbes Jahr und noch länger hinziehen, denn ...

Große Erfolge brauchen immer ihre Zeit!

Es passiert oft, daß Berater und Verkäufer in ihrem Überzeugungsdrang und Enthusiasmus **zuviel reden,** den Verhandlungspartner aus dem Auge verlieren oder auch ihre Vorteile verschleudern. Es gibt auch solche, die den „Abschlußversuch" vergessen und nicht auf die „Signale für den Reifegrad" achten.

Jeder Partner zeigt irgendwann an, ob er *reif* für den Abschlußversuch oder noch nicht überzeugt ist. Die Signale für die Nichtüberzeugung oder innere Abwehr sind folgende:

1. Keinen direkten Augenkontakt mehr.
2. Lebloses, starres Gesicht.
3. Trommeln mit den Fingern.
4. Wörtliche Zustimmung bei Argumenten.
5. Fragen nach weiteren Einzelheiten.
6. Starke Beschäftigung mit den Vorteilen.

Empfehlungen:

1. **Zusammenfassung von Nutzen und Vorteilen.**
2. **Eine oder zwei Suggestivfragen stellen.**
3. **Auf „Abschluß zugehen" und Vorschläge machen.**
4. **Wenn nötig, Alternativen aufzeigen.**

**Wirkungsvolle Argumente
für Abgänge mit und ohne Erfolg**

Nach Erfolgen

1. Sie waren wählerisch, kauften richtig und vertrauten uns. Dafür möchte ich mich aufrichtig bedanken.
2. Vielen Dank für Ihren Auftrag und das erneut in uns gesetzte Vertrauen. Meine Geschäftsleitung wird sich darüber freuen.

3. Wieder einmal haben Sie uns mit einem Auftrag beehrt. Herzlichen Dank! Wir werden die daraus resultierenden Verpflichtungen zu Ihrer vollen Zufriedenheit erfüllen.

4. Sie wissen, daß Ihr Auftrag bei mir in guten Händen ist und mit dem entsprechenden Service gekrönt wird. Das gibt Ihnen auch Sicherheit für die Zukunft. Vielen Dank!

5. Mit diesem Auftrag konnten wir wieder ein Stück Zukunft bei Ihnen sichern. Meine Geschäftsleitung und ich danken Ihnen dafür!
Ich werde alles tun, damit Sie nie einen Kauf bereuen werden. Vielen Dank!

Nach Mißerfolgen

1. Auch ohne Auftrag danke ich Ihnen für die wertvolle Zeit und Ihre Freundlichkeit.
Erfolge brauchen immer ihre Zeit. Ich finde heraus, was ich nicht richtig gemacht habe!

2. Leider konnte ich noch keinen Auftrag erzielen, doch ich danke Ihnen für den menschlichen Erfolg. Sie erlaubten mir, Sie zu beraten. Ihr Vertrauen gibt mir eine Chance für die Zukunft!

3. Ihre Ablehnung gibt mir zu denken, denn wir wissen, daß wir profitable Partner für Sie wären. Mein Ziel ist nun, Sie das nächste Mal zu überzeugen.

4. Diese – für uns erfolglose Verhandlung – hat uns beide Geld gekostet. Sie ist aber eine Investition für die Zukunft, denn wenn ich Sie gewonnen habe, werden Sie für alles entschädigt.

5. Neue und große Erfolge brauchen immer ihre Zeit. Die Verbesserung unserer Beziehungen war heute wohl das Wichtigste. Auch ohne Auftrag freue ich mich heute schon auf unsere nächste Begegnung!

6. Kein Auftrag ... und trotzdem verabschiede ich mich dankbar und optimistisch. Ich weiß, daß wir Partner werden können, und setze alles daran, Sie bald für uns zu gewinnen!

Verhandlungen am Telefon

Das *Telefon* wird immer wichtiger, weil die Zeit knapper wird und Menschen teurer werden.

Telefonieren ist immer Repräsentieren. Gespräche am Telefon sind ein Verhandlungsersatz, dienen der Kontaktschaffung und dem Ansehen. Vieles kann dabei passieren: Freude, Einigung, Erfolg, Ärger und Mißerfolg. Große Beträge investiert man in die Verkaufsförderung, Entwicklung, Werbung, Schulung und in das Marketing; doch am Telefon *verpuffen* viele dieser Investitionen.

Nur ein Ohr und die Sprache hat man am Telefon zur Verfügung. Die Entfernung ist oft groß, und doch wird man gegenseitig über die *Stimme* – also die Töne des Herzens – gesehen. Man kann Menschen nur mit Freundlichkeit, Respekt, Interesse, Entgegenkommen und einer guten Sprache gewinnen.

Derjenige, der aus reiner Formsache heraus in respektloser Haltung und mit ernstem Gesicht am Telefon sitzt, wirkt sofort trocken, monoton, gleichgültig und unpersönlich. Das Telefon ist ein hellsichtiges Instrument. Man *hört* damit selbst die schlechte Verfassung eines Gesprächspartners.

Das Verhandeln am Telefon setzt eine psychologische Fähigkeit voraus. Mitentscheidend für den Erfolg sind die Vorbereitung und Planung eines Gespräches. Das „Denken" muß *vorher* erfolgen. Ohne Planung keine Zielsetzung, Taktik und Sicherheit!

Die Vorteile des Telefons im Unternehmen

- Kontakterhaltung und Repräsentation,
- Anbieten von Serviceleistungen,
- schnelles Erreichen eines Partners,

- Anmeldungen und Abstimmungen,
- Weitergabe neuer Informationen,
- Durchführung von Nachkontrollen,
- schnelle Erledigung von Reklamationen,
- Bedarfserforschung,
- Gewinnung von neuen Kunden,
- Anfragen,
- Durchführung von Sonderaktionen,
- Einsparung von Reisezeiten,
- Übermittlung von Delegationen und Aufträgen,
- Bedanken
  usw.

Organisation und Repräsentation am Telefon

Die Gesprächsplanung

1. Telefonat, Brief, Telex oder Fax?

2. Unterlagen und Akten prüfen

3. Informationen einholen

4. Schreibzeug und Terminkalender bereitstellen

5. An Tageszeit denken (Ausland)

6. Gegen Lärm abschirmen

7. In Gesprächspartner einfühlen

8. Gesprächsplanung entwerfen

9. Namen und Begrüßungsform überlegen

10. Welche Ersatzperson bei Abwesenheit?

11. Ist ein Dank, eine Anerkennung möglich?

12. Wen kann man grüßen lassen?

13. Nicht rauchen

14. Optimismus einschalten

15. Disziplinierte Haltung einnehmen.

Repräsentation am Telefon

1. Freundliche Vorstellung

2. Höflich grüßen

3. Wenn unverständlich, um Namen bitten

4. Dank für Anruf (oder Brief)

5. In, nicht über die Muschel sprechen

6. Lächeln – Gefühlsstimme einsetzen

7. Kurze Sätze bilden

8. Einschaltpausen einblenden

9. Langsam und deutlich sprechen

10. Nicht unterbrechen

11. Beim Husten abwenden

12. Mehrfach mit Namen anreden

13. Bei Unterbrechungen: Rückruf anbieten

14. Vereinbarungen am Schluß zusammenfassen

15. Wenn möglich, Dank und Freude ausdrücken

16. Erledigung einleiten

17. Nachkontrolle machen

Verkauf am Telefon

**Planung und Disposition
für ankommende Gespräche**

1. Firma, Abteilung und Namen nennen

2. Freundlich grüßen

3. Für Anruf bedanken

4. Namen und Telefonnummer erbitten

5. Wünsche und Anliegen erfragen

6. Art und Zeitpunkt früherer Verbindungen erfragen

7. Bei Erstkontakt Firmeninformation geben

8. Mögliche Referenz erfragen

9. Erste Vorschläge unterbreiten

10. Besondere Vorteile anbieten

11. Alternativen aufzeigen

12. Dienstleistungen einsetzen

13. Referenzen einsetzen

14. Abschlußversuch unternehmen

15. Besuch durch den Außendienst vorschlagen
    (Termin)

16. Namen der Sekretärin erbitten

17. Bedanken und Verabschiedung

18. Aktennotiz diktieren – Abwicklung starten

Disposition für ausgehende Gespräche

1. Freundlich vorstellen und grüßen

2. Sekretärin um Verbindung bitten

3. Falls abwesend, passende Zeit erfragen

4. Freude über den erreichten Kontakt ausdrücken

5. Zweck des Anrufes bekanntgeben

6. Frühere Kontakte erfragen

7. Vorschläge unterbreiten – Neuheiten anbieten

8. Dienstleistungen verkaufen

9. Besondere Vorteile aufzeigen

10. Firmeninformationen geben

11. Offerte vorschlagen

12. Besuchstermin vereinbaren (Außendienst)

13. Freundlich bedanken – Verabschiedung

14. Aktennotiz machen – Erledigung einleiten

Reklamationen und Reklamationsverhandlungen

Wie bei den Einwänden, gibt es auch bei den Reklamationen zwei große Gruppen:

• die subjektiven und
• die objektiven.

Die Unzufriedenheit eines Vorgesetzten oder Kunden kann sachliche (berechtigte) oder persönliche (unberechtigte) Gründe haben. Auf alle Fälle sind beide ernst zu nehmen, denn das *Wohlwollen* des Reklamierenden muß wiederhergestellt werden.

Unzufriedene Kunden *stehlen* andere Kunden, zufriedene Kunden hingegen bringen neue Kunden. Deshalb sind die sachlich-berechtigten Reklamationen immer zu entkräften. Auch bei kleinen Unzufriedenheiten hat ein Berater die Ursachen zu erforschen. Wichtig dabei ist, die „Ursache der Schuld" zu finden, für Abhilfe zu sorgen und in Kleinigkeiten großzügig zu sein.

Es gibt **drei Schuldfaktoren:**

• absolute Nichtschuld unsererseits,
• Teilschuld von beiden Seiten und
• Alleinschuld unsererseits.

Notfalls muß man mit Kompromissen zu einer zufriedenstellenden Lösung kommen. Kluge Berater und Verkäufer sind Diplomaten. Sie bedauern den Ärger, *bedanken* sich für die Reklamation und setzen sich voll für den Kunden ein. Viele haben damit schon Kunden auf Lebenszeit gewonnen, denn es gibt keine bessere Dienstleistung.

96

Empfehlungen:

1. Jede Reklamation ernst nehmen.
2. Ärger und Unzufriedenheit bedauern.
3. Echtheit der Reklamation prüfen.
4. In Kleinigkeiten großzügig sein.
5. Notfalls Kompromisse machen.
6. Sofort Erledigung einleiten.
7. Firmenleitung informieren.
8. Nachkontrolle einplanen.
9. Neue Sicherheiten geben.
10. Schriftliche Entschuldigung erwägen.

Verhandlungen mit mehreren Partnern

Zwei Verhandlungscharaktere sind grundsätzlich zu unterscheiden:

* Verhandlungen mit Gästen oder Kunden im eigenen Unternehmen,
* Verhandlungen in Kundenfirmen.

**Bei Verhandlungen im eigenen Unternehmen
mit mehreren Partnern oder Besuchern
sind Vorbereitungen zu treffen:**

Organisation für eine Verhandlung

1. Hotel und Unterbringung organisieren

2. Abholung und Empfang organisieren

3. Besprechungsraum vorbereiten

4. Sitzordnung mit Namenskarten festlegen

5. Verhandlungsunterlagen vorbereiten

6. Verhandlungsplanung machen

7. Korrespondenz prüfen

8. Demonstrationsmaterial vorbereiten

9. Betriebsbesichtigung organisieren

10. Beteiligte Personen und Abteilungen informieren

11. Kontakte mit Geschäftsleitung einplanen

12. Assistentin nominieren

13. Erfrischungen bereitstellen

14. Restaurant und Essen organisieren

15. Rückreise organisieren

16. Abendprogramm festlegen

Verhandlungstechnik und -verlauf

1. Begrüßung aller Teilnehmer

2. Namen einprägen und aufschreiben

3. Dank, Ehre, Freude ausdrücken

4. Vorstellung der eigenen Teilnehmer der Verhandlung

5. Kompetenz der Besucher erfragen

6. Zeitplan und Organisation vorstellen

7. Nach besonderen Wünschen fragen

8. Initiative abklären

9. Rundgespräch erwirken – alle einbeziehen

10. Wortführer und Entscheidungsperson erkennen

11. Sympathisanten und Gegner ausloten

12. Probleme erforschen – Fragen stellen

13. Passive Partner heranziehen

14. Signale der Gäste untereinander beobachten

15. Lob und Anerkennung einbauen

16. Kontrollfragen stellen

17. Wenn möglich, Humor einblenden

18. Bei Uneinigkeit der Gäste passiv verhalten

19. Vereinbarungen und Zusagen notieren

20. Bei längeren Verhandlungen PAUSE vorschlagen

21. Ergebnisse am Schluß zusammenfassen

22. Aperitif mit Verabschiedung

Konferenzen und Gruppengespräche

Eine Konferenz braucht eine gewissenhafte Vorbereitung, genau festgelegte *Ziele* und eine disziplinierte Durchführung. Die Disziplin ist genauso wichtig wie das taktische Vorgehen. Ein „Zuspätkommen" einiger Teilnehmer ist immer eine Katastrophe. Niemand kann sich das erlauben.

Die schlechteste Form einer Konferenz besteht aus folgenden Schwächen, Dummheiten und Sünden:

1. Mangelnde Planung durch Zeitmangel.
2. Unterschätzung der Teilnehmer.
3. Zuviel Teilnehmer (über zwölf).
4. Dominanz durch Monolog des Leiters.
5. Tolerieren von Zuspätkommen.
6. Zu kleiner Raum, Mangel an Sauerstoff.
7. Lärm von außen.
8. Störungen durch Zwischenrufe und Worterteilungen.
9. Teilnehmer, die viel und zu lange reden.
10. Keine Zeitkontrollen.
11. Störungen durch Telefon oder Besucher.
12. Überziehung der festgelegten Zeit.

Man nennt letztere auch „Open-End-Konferenzen", die ein Unternehmen ein Vermögen kosten. Konferenzen und ihre Führung sind *die Aktivität,* mit der man sich mit Langzeitwirkung am besten verkaufen oder auch am deutlichsten blamieren kann.

Bei der Planung sind Zeit und Tage wichtig. Die günstigsten Tage für die Aufnahmefähigkeit sind Dienstag bis Donnerstag und die besten Zeiten sind 9.00 bis 12.30 Uhr, also nicht mehr nach dem Mittagessen.

Der Raumaufbau sollte so sein, daß alle Teilnehmer den Leiter aus bequemer Sitzposition heraus sehen können. Der Blick auf Filme und Projektionen muß ebenfalls frei sein.

Sind Sie Konferenz- und Verhandlungsleiter, dann können Sie nicht gleichzeitig Protokollführer sein oder Medien bedienen. Diese Aufgaben müssen *vorher* delegiert werden.

Der Konferenzleiter ist auch Moderator, er steuert, informiert, fragt, vermittelt und überträgt Ideen. Er provoziert Meinungen und Erfahrungen der Teilnehmer.

Erfolgreiche Konferenzführung

1. Offen und freudig begrüßen (einzeln?)
2. Optimistisch eröffnen
3. Programm und Ausgangslage erläutern
4. Zeitplan vorstellen
5. Ruhig und sicher beginnen
6. Bilanz über Entwicklung geben
7. „Heiße" und ernste Themen nicht zu Beginn
8. Zufriedenheitsgrad bekanntgeben
9. Lob oder Kritik
10. Rundgespräch führen, alle ansehen
11. Diskussion mit Dialog einleiten
12. Redezeiten und Worterteilung beachten
13. Vielredner freundlich stoppen
14. Schweigsame und Schwache heranziehen
15. Kontrollfragen stellen
16. Bei Erregung Disziplin und Ruhe bewahren
17. Alle Meinungen respektieren, tolerieren
18. Bei Differenzen im Team „neutral" bleiben
19. Mit Humor auflockern
20. Cliquenbildung vorbeugen
21. Probleme erforschen
22. Bei Vorurteilen Beweise verlangen
23. Wichtige Appelle im Stehen bringen
24. Für gute Beiträge bedanken
25. Niemanden bevorzugen
26. Vereinbarungen und Aufträge notieren lassen
27. Nach Abschnitten Ergebnisse präsentieren
28. Schlußbilanz ziehen
29. Niemanden unterbrechen
30. Schlußappelle und Motivation bringen
31. Wünsche mitgeben
32. Bedanken

Repräsentation und Verkauf
bei Messen und Ausstellungen

„Imagepflege" oder mehr Umsatz

Messen werden überall immer größer. Die Kosten, Personalkosten, Standmieten, Fremdpersonal, Repräsentation usw. gehen in der Endabrechnung in schwindelerregende Höhen. Deshalb ist schon lange *vor* einer Messe von einem Planungsteam zu errechnen, ob sich die Teilnahme an der Messe überhaupt *lohnt*.

Es gibt Unternehmen, die weniger ein Umsatzziel als die „Werbung und Imagepflege" in ihrer Kalkulation haben. Dabeisein und gesehen werden ist ihre Devise. Die Repräsentation ist der eigentliche Zweck.

So oder so – ein Messestand ist ein erstklassiger Treffpunkt für wichtige Kunden, Ehrengäste, Wirtschaftskapitäne, Einkäufer, die Presse usw. Auf vielen Ständen wird man weniger betreut als „unterhalten". Die Bewirtung dabei hat einen hohen Stellenwert. Doch es vermehren sich die mutigen Firmen, die keinen Alkohol mehr offerieren.

Wenn ein Messestand nicht nur der Imagepflege und Werbung dient, sondern als „Ort zum Demonstrieren, Offerieren, Überzeugen, Beraten und Verkaufen", dann müssen die Repräsentanten als Verkaufsmannschaft erstklassig und *einheitlich* organisiert und ausgebildet sein. Moderne Unternehmen lassen diese Verkäufer mit einem Training „Verkaufen und Repräsentieren am Messestand" vorher fit, sicher, überzeugend und überlegen machen.

Besucher müssen sich wohlfühlen. Das ist nur der Fall, wenn niemand der Standbetreuung aufdringlich ist und die Besucher jagt. Wichtig ist, taktisch klug und diplomatisch vom Besucher zu erfahren,

- wer er ist,
- von welcher Firma,
- in welcher Eigenschaft er kommt,
- was der Schwerpunkt seines Interesses ist.

Die beste Annäherung ist die, zu fragen, ob man beraten *darf*.

Messeorganisation und -verkauf

Planung und Organisation vor der Messe	Person	Datum	Erledigt
1. Nominierung eines Planungsteams			
2. Entscheidungsbesprechung aller Beteiligten			
3. Layout und Standplanung entwerfen			
4. Messeanmeldung vornehmen			
5. Messebudget erstellen			
6. Produktstrategie und -auswahl festlegen			
7. Terminpläne entwickeln			
8. Offerten für Messestand einholen			
9. Anzeigenwerbung vorgeben			
10. Demonstrationsmittel planen			
11. Standleiter und -betreuung festlegen			
12. Terminbekanntgaben intern			
13. Terminbekanntgaben extern			
14. Einladungen und Messeprospekte versenden			
15. Reise- und Quartierorganisation machen			
16. Festlegung des Fremdpersonals			
17. Organisation für Verpflegung und Getränke			
18. Ehrengäste und Presse einladen			
19. Blumen und Pflanzen organisieren			

20. Transporte planen – Spedition wählen			
21. Eintrittskarten verteilen (Ausweise)			
22. Kleidungsrichtlinien festlegen			
23. Schulung des Personals			
24. Dokumentation und Büromaterial planen			
25. Informationen an Fremd- und Hilfspersonal			
26. Zoll- und Einfuhrformalitäten international			
27. Erinnerungspräsente bestellen			
28. An- und Abreisen koordinieren			
29. Berichtswesen vorbereiten			
30. Standreinigung bestellen			
31. Arbeitsplätze einrichten			
32. Informationen über Nachbarstände			
33. Informationen über Wettbewerbs- stände			
34. Regelungen der Stellvertretungen			
35. Einplanung angemeldeter Kundenbesuche			
36. Zulieferfirmen festlegen			
37. Tägliche Messebesprechung einplanen			
38. Parkplätze reservieren			
39. Fotografen bestellen			
40. Messeslogan erfinden			
41. Rahmenprogramm für Kunden festlegen			
42. Namensschilder verteilen			

Verkaufspsychologie am Messestand

1. Kleidung und Aussehen überprüfen

2. Besucher freundlich ansehen – lächeln

3. Nie von hinten ansprechen

4. Grüßen – Danken – Vorstellen

5. Karte überreichen

6. Unverbindliche Beratung anbieten

7. Echte Interessenten in den Stand einladen

8. Besucherandrang im Auge behalten

9. Namen und Firmen erfragen

10. Beziehung und Verbindungen erkunden

11. Besondere Wünsche erfragen

12. Wichtige Persönlichkeiten dem Leiter vorstellen

13. Erhaltene Informationen aufschreiben

14. Erfrischung anbieten

15. Demonstration und Vorführung einleiten

16. Wenn nötig, Experten hinzuziehen

17. Mehrere Besucher vereinigen, zusammenführen

18. Kontrollfragen stellen

19. Dienstleistungen verkaufen

20. Neuheiten zur Sensation machen

21. Besondere Vorteile herausstellen

22. Unterlagen überreichen

23. Preisgespräch nie zu früh beginnen

24. Alle Wünsche oder Kritiken notieren

25. Bei Abwehr Alternativen anbieten

26. Auf positive Reaktionen achten

27. Wenn bejahend ... Abschlußversuch einleiten

28. Termin- und Besuchsvereinbarung machen

29. Einladung zum Imbiß oder Essen?

30. Dankbare Verabschiedung

31. Leitung informieren

32. Besuchsbericht machen

33. Arbeitsmaterial ordnen

34. Firma anrufen?

35. Bewirtung kontrollieren

Verhandlungen mit Einkäufern

Das Duell „Einkauf gegen Verkauf" oder umgekehrt ist dort, wo es existiert, ein großer Nachteil. Es schafft Angst, Belastung und auch *Verluste* auf beiden Seiten. Kluge Einkäufer arbeiten kooperativ und respektvoll mit Verkäufern zusammen. Sie gehen gemeinsam auf die Suche nach Lösungen, die *beiden* Seiten gerecht werden und vor allem optimalen *Gewinn* bringen.

Ein Einkäufer muß initiativ und schöpferisch arbeiten. Er ist dafür verantwortlich, daß sein Unternehmen den höchsten Profit und seine Partner den besten *Service* bekommen. Er steht diplomatisch als Mittler in einer Vertrauensposition und braucht einen gesunden Sinn für das Mögliche und Erreichbare.

Keiner darf nach einem Sieg streben, sondern „Gewinner" sollten und müssen *beide* sein. Die Verhandlung „Einkäufer mit Verkäufer" muß ein „harmonisches Konzept" darstellen, aufgebaut auf gegenseitigem Vertrauen und mit partnerschaftlicher Basis.

Einkäufer und Verkäufer tun eigentlich dasselbe, nur mit einer kleinen Verschiebung:

Der Einkäufer kauft vom Verkäufer und verkauft dann seinen Kauf an die Kompetenzen in seinem Unternehmen. Der Verkäufer verkauft dem Einkäufer und muß dann seinen Verkauf in seiner Firma präsentieren.

Die besten Einkäufer sind diejenigen, die sich Zeit für Verkäufer und Berater nehmen, sich für den Besuch bedanken, Verbindungen herstellen, freundlich sind, auch wenn sie gegenwärtig nichts einkaufen können. Verkäufer sind dankbar dafür, schwärmen von der Firma und machen draußen kostenlose Werbung.

Viele Einkäufer wissen immer noch nicht, wie teuer ein Verkäuferbesuch ist und daß sie auf Marktwissen und -service angewiesen sind.

- Einkäufer brauchen Beziehungen.
- Einkäufer müssen den Markt kennen.
- Einkäufer müssen repräsentieren können.
- Gute Einkäufer verbreiten keine Angst.

Wünsche und Erwartungen des Einkäufers an den Verkäufer

Nach einer Marktstudie und -umfrage wünschen sich Einkäufer, daß ein Verkäufer oder Berater ...

• sich vorher anmeldet

• sich an die bestehenden Besuchszeiten hält

• nicht aufdringlich ist

• Aggressivitäten unterläßt

• kein personelles Doppelspiel betreibt

• genügend Handlungsfreiheit besitzt

• über Neuerscheinungen Bescheid weiß

• über Änderungen informiert ist

• nicht mehr verspricht, als er halten kann

• kein Hochdruckverkäufer ist

• bei Kritiken nicht beleidigt ist

• bei Reklamationen keine Verärgerung zeigt

• bei Mißerfolg nicht enttäuscht ist

• seine Konkurrenz nicht herabsetzt

• beim Verhandeln Zeitbewußtsein zeigt

- nicht die Zeit mit Witzen stiehlt

- nicht zu vertraulich oder jovial wird

- seine Produkte genau kennt

- ein echter Berater ist

- gute Dienstleistungen anbieten kann

- nicht debattiert und streitet

- rhetorische Fragen unterläßt

- nicht unterbricht und ins Wort fällt

- ein guter Zuhörer ist

- Disziplin und Manieren beim Verhandeln zeigt

- dankbar auch für kurze Gespräche ist

- freundlich ist

- gepflegt ist

- merkt und sieht, wann er Schluß machen muß

- ein ehrlicher Kaufmann ohne Hinterlist ist

- Vereinbarungen, Zusagen und Termine einhält

Erfolgs- bzw. Nachkontrollen

Was nützt die beste Vorplanung ohne „Nachplanung"? Planen ist organisieren, zielen, fühlen, formen und vorausdenken. Was nützt aber die beste Vorplanung ohne Nachkontrollen, Erfolgs- und Gewinnprüfung?

Alle Auftritte, Verhandlungen als Berater, freie Reden, Konferenzreden usw. können und müssen nach der Durchführung analytisch einer Nachkontrolle unterzogen werden. Man erforscht dadurch die Ursachen für den Erfolg, Teilerfolg oder Mißerfolg. Man läßt alles wie einen Film noch einmal ablaufen und beantwortet *Fragen* an die eigene Person.

Konzentriert man sich in einer Verhandlung auf eine Sache, auf Dienstleistungen, Produkte, die Technik oder seine vorgegebenen Ziele, so ist es schwer, an die vielen menschlichen, psychologischen und rhetorischen Fähigkeiten zu denken. Das heißt, man muß das volle Bewußtsein auf folgende Wirkungen richten:

- die eigenen Gesichter,
- Disziplin und Haltung,
- Gefühle und Emotionen,
- Wortschatz und Satzbau,
- die Aussprache, das Sprechtempo,
- die Initiative,
- Zahl und Art der Fragen,
- Monolog oder Dialog,
- Mut zum Risiko,
- Beobachtung der Umwelt,
- Freude und Optimismus,
- Respekt und Dankbarkeit
  usw.

Eine Nachplanung mit Kontrollfragen ist nicht weniger wichtig als die Vorplanung.

Lernen und üben Sie in der Praxis die Nachkontrolle mit den folgenden 30 Fragen oder entwickeln Sie daraus Ihre eigene Checkliste:

Mißerfolge

Niemand hat *nur* Erfolge. Erfolge werden von Mißerfolgen abgelöst. Sie stehen in einer Wechselwirkung zueinander – wie das Wetter. Menschen brauchen diese zum Antrieb!

Mißerfolge sorgen auch für einen charakterlichen Ausgleich. Viele Charaktere sind *zu* schnellen und großen Erfolgen nicht gewachsen. Große Erfolge müssen charakterlich verkraftet werden. Aus Mißerfolgen sind Lehren zu ziehen.

Mißerfolge sind nicht unbedeutend für den Erfolg. Sie sind Lernstoffe und dienen dem Erfolg. Sie sind Entdecker von Schwächen oder Mängeln, Brennstoff für Erfolge, und sie halten die Menschen in richtigen Grenzen.

Was ist zu tun bei anhaltenden Mißerfolgsperioden? Welche Faktoren, Imponderabilien oder Schwächen sind zu prüfen?

Mißerfolgsursachen

1. Gesundheitliche Verfassung.
2. Überlastung und Streß.
3. Ärger und persönliche Probleme.
4. Mangelnder Erfahrungsaustausch.
5. Fehlender Kontakt.
6. Starre Routine.
7. Kritikfeindlichkeit.
8. Feigheit.
9. Fehlende Lernprozesse.
10. Selbstüberschätzung.

Solche Ursachen sind nur über Selbstbeobachtung, Selbsterkenntnis und Selbstkritik zu finden.

Anhaltende Mißerfolge haben immer die gleichen Ursachen. Mißerfolge müssen immer von den Erfolgen finanziert werden.

Kontrollfragen nach Verhandlungen

Auswertung von Verhandlungen und Beratungen

1. Wie war der menschliche Empfang?
2. War der Zeitpunkt günstig?
3. Wer hatte die Initiative?
4. Wo war ich unsicher?
5. War ich freundlich oder ernst?
6. Wie war meine Disziplin? (Haltung)
7. War ich mutig oder feige?
8. Beschäftigte ich den/die Partner? (Dialog)
9. Stellte ich genügend Fragen?
10. Verlief mein Gespräch nach Planung?
11. Waren meine Unterlagen einwandfrei?
12. War ich ein guter Zuhörer?
13. War ich ein sicherer, guter Redner?
14. Reichte meine Überzeugungskraft aus?
15. Entkräftete ich alle Einwände?
16. Was störte, irritierte mich?
17. Was habe ich vergessen?
18. Spürte ich Vertrauen oder Mißtrauen?
19. Welche wichtigen Informationen erhielt ich?
20. Verhandelte ich respektvoll?
21. Beobachtete ich die Umwelt?
22. Zeigte ich Dankbarkeit und Freude?
23. Was machte ich falsch?
24. Wie war meine Verfassung?
25. Welche Ziele habe ich erreicht, welche nicht?
26. Wie lange dauerte mein Auftritt?
27. Wer beendete die Verhandlung?
28. Wie sind wir verblieben?
29. Verkaufte ich meinen „Abgang" gut?
30. Was ist sofort zu tun?

40 Testfragen für Verkäufer

Fragen an sich selbst	nein	ja
1. Betreibe ich genügend Selbstbeobachtung?		
2. Kann ich Kritik vertragen?		
3. Habe ich Geduld und Ausdauer?		
4. Kenne ich meine Schwächen?		
5. Bin ich ein sympathischer Zuhörer?		
6. Spreche und rede ich gepflegt, gebildet?		
7. Bin ich ein fleißiger Mitarbeiter?		
8. Schenke ich genügend Lob und Anerkennung?		
9. Bin ich ein echter Kontaktmensch oder nicht?		
10. Bin ich ein charmanter Mensch?		
11. Erhalte ich privat genügend Anerkennung?		
12. Werde ich in der Gesellschaft anerkannt?		
13. Gebe ich Fehler und Schwächen offen zu?		
14. Informiere ich meinen Lebenspartner ausreichend?		
15. Bin ich ehrgeizig?		
16. Lese und lerne ich genug?		
17. Bin ich fit und gesund?		
18. Habe ich genügend Freunde?		
19. Habe ich noch starke Hemmungen?		
20. Kann ich vom Berufsalltag ganz abschalten?		
Ergebnis		

Fragen zum Berufsleben	nein	ja
1. Bin ich im Team beliebt?		
2. Habe ich mich leistungsmäßig gesteigert?		
3. Erforsche ich die Ursachen von Mißerfolgen?		
4. Verfüge ich über ein überlegenes Fachwissen?		
5. Fühle ich mich in der Branche noch wohl?		
6. „Verkaufe" ich mein Unternehmen mit Freude?		
7. Arbeite ich mit guter Planung?		
8. Bekomme ich genügend Anerkennung?		
9. Halte ich Vereinbarungen und Zusagen ein?		
10. Mache ich systematische Erfolgskontrollen?		
11. Bin ich in meinem Team gehemmt?		
12. Lebe und arbeite ich dankbar genug?		
13. Behalte ich in Verhandlungen die Initiative?		
14. Kann ich mich selbst gut verkaufen?		
15. Arbeite ich mit Mut zum Risiko?		
16. Ist meine Stimme stark und überzeugend?		
17. Vermeide ich, aufdringlich zu sein?		
18. Packe ich Probleme sofort an?		
19. Bin ich schon eine echte Persönlichkeit?		
20. Ist mein Äußeres vorbildlich?		
Ergebnis		

Leit- und Lehrsätze zur Verhandlungskunst

1. Wer sich selbst überschätzt, sieht seine Verhandlungspartner falsch.

2. Zwei Meinungen und Erfahrungen sind immer besser als eine.

3. Ein *ernster* Mensch kann niemanden begeistern.

4. Dort, wo Verhandlungen gefühlslos sind, werden meist nur Informationen ausgetauscht.

5. Ohne Initiative und Planung hat schnell das *Chaos* die Macht.

6. Wer sich nicht selbst *regiert,* wird von anderen kommandiert.

7. Was nicht leicht ist, ist immer der *Mühe* wert.

8. Bevor man akzeptiert wird, muß man *respektiert* werden.

9. Niemand sieht freundlich aus, wenn er unfreundlich denkt.

10. Antipathie auf den ersten Blick ist meistens nur optische Täuschung.

11. Wer das Risiko scheut, wird nie ein Traumziel erreichen.

4. Kunden- und Verkaufspsychologie

„Zeigt allen Kunden Dankbarkeit.
Nutzt zum Dienen die kostbare Zeit.
Verkaufen ist eine herrliche Kunst,
doch brauchen Verkäufer
der Kunden Gunst.“

Bruno Neckermann

Die Kundengewinnung

Wer *Kunden* gewinnen und erfolgreich verkaufen möchte, muß *Menschen* erobern können. Dies bedarf einer Kontaktveranlagung oder -bereitschaft, also Freude an Menschen.

Verkaufskunst bedeutet nicht nur Kontaktherstellung, informieren, demonstrieren, vorführen, Vorteile anbieten, Fachgespräche führen usw., sondern

B = bewußt **beeinflussen,**
S = mit Willenskraft **suggerieren,**
Ü = mit Eigenüberzeugung **überzeugen,**
G = Menschen öffnen und für sich **gewinnen.**

Die stärkste Überzeugungskraft resultiert immer aus der *eigenen* Überzeugung. Produkte oder Dienstleistungen haben keine Sprache. Berater und Verkäufer müssen tote Dinge zum *Leben* erwecken. Die Begeisterungsfähigkeit und „Freude" dabei sind wichtige Erfolgsträger, genau wie die Wahrheit und Aufrichtigkeit.

Die stärksten und besten Verkäufer sind diejenigen, die ihre Erfolge mit ihrer **Persönlichkeit** machen. Sie haben eine eigene, besondere Note, gehören nicht zur Masse, arbeiten nicht nur routiniert und schematisch. Sie besitzen „Faszination" und arbeiten mit „Mut zum Risiko". Sie sind

A A A = **Anders als die anderen,**
       Anders als die große Masse.

Sie haben eigene Ideen, um begehrt, beliebt, bestaunt, bewundert zu werden (BBBB). Sie wissen,

• daß man zuerst **Vertrauen** einkaufen muß, um verkaufen zu können,

- daß man Sympathien erwerben muß, um glaubwürdig zu erscheinen,
- daß **Verkaufen** dienen, helfen und beraten ist.

Verkaufen ist...

neue Kunden erobern,
Vertrauen einkaufen,
Bedürfnisse wecken,
beraten, Probleme lösen,
mit Eigenüberzeugung überzeugen,
tote Dinge zum Leben erwecken,
entscheiden helfen,
Gewinn bringen,
Menschen gewinnen.

Verkaufs- und Verkäufertypen

Wer *verkaufen* will, muß sich selbst „verkaufen" können. Das heißt, er muß repräsentativ, sicher, überzeugend und so respektvoll auftreten, daß er Mißtrauen, Skepsis oder Angst vertreibt. Dazu zwei Leitsätze:

Die besten Intelligenzsysteme, Produkte und
Dienstleistungen sind wertlos ohne „Vertrauenserwerb"!

Vertrauensdefizite führen automatisch zu
Überzeugungsdefiziten!

Durch eine *Umfrage* in zehn Seminaren mit Verkäufern und Verkaufsleitern wurden Verkäufer nach individuellen Erfahrungen wie folgt klassifiziert:

124

Die besten Verkäufer
sind die, die das meiste mit ihrer Persönlichkeit machen.

Die geborenen Verkäufer
sind die, die *alles* auf dieser Welt verkaufen könnten.

Die stärksten Verkäufer
verkaufen fast nicht, sie *lassen* den Kunden das *kaufen,* was sie
verkaufen möchten oder was sie für das Beste halten.

Die lebendigsten Verkäufer
sind die, die mit Freude und Begeisterung verkaufen.

Die sichersten Verkäufer
sind die, die mit ihrer Planung und Zielsetzung die Initiative in
der Hand behalten.

Die schönsten Verkäufer
sind die, die frohsinnig und lächelnd verkaufen.

Die gewissenhaftesten Verkäufer
sind die, die sich am gründlichsten vorbereiten.

Die besten Verkäufer sind die ...

denen Verkaufen Spaß macht,
die sich „selbst verkaufen" können,
die voller Optimismus sind,
die schwierigste Kunden besiegen,
die begeisterungsfähig sind,
die *alles* in der Welt verkaufen könnten!

Verkäuferische Erfolgsgebote

Jeder Repräsentant benötigt Antriebe für seine Verhandlungen. Das sind die *Ziele*, die er sich stecken muß. Diese Ziele muß er vor einer Verhandlung planen. Ohne eine solche „Programmierung" würde er in eine geistlose Berufsroutine und Taumelei fallen.

Die folgenden **Gebote** sind branchenfrei und für jede Verhandlung geeignet:

1. Repräsentativ erscheinen.
2. An den Erfolg glauben.
3. Anders eröffnen als die breite Masse.
4. Mut zur Originalität haben.
5. Freundlich sein – lächeln.
6. Initiative ergreifen.
7. Probleme und Bedürfnisse erforschen.
8. Eigenüberzeugung einsetzen.
9. Vorteile, Nutzen und Gewinn verkaufen.
10. Bei Einwänden und Abwehr nicht sofort resignieren.
11. Vertrauen erneuern, gewinnen.
12. Aufrichtig sein.
13. Nie aufdringlich werden.
14. Verhandlungen selbst beenden.
15. Bei freundschaftlichen Beziehungen nicht respektlos werden.

Befreundete Kunden

Sie sind in der Regel sehr angenehm. Das meist langjährige Vertrauensverhältnis sorgt für eine intime Verbindung. Diese geht oft – leider – bis zum **„Du"**. Eine solche Beziehung hat jedoch weit mehr *Nachteile* als Vorteile. Sie begrenzt die Freiheit, den Respekt und Mut.

Kein Verkäufer benötigt bei solchen „Freunden" seine Reserven. Man läßt sich treiben, und das kostet *Zeit*. Also ... Vorsicht mit Kundenfreundschaften!

Modelle für Verkaufsgespräche und -strategien

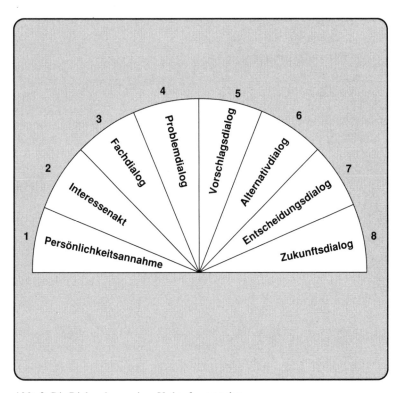

Abb. 9: Die Dialogphasen eines Verkaufsgespräches

Die obigen acht Dialogphasen geben schnell einen Überblick über den logischen Aufbau einer Beratung. Acht Begriffe und Ziele lassen sich leicht im Kopf behalten.

Die wichtigste Phase ist die erste, der **Selbstverkauf.** Zu Beginn muß ein Berater *menschlich* angenommen werden, sympathisch wirken, Vertrauen einkaufen. Dann erst kann er **Interesse** wecken, in das Fachgespräch einsteigen, Probleme erforschen, Vorschläge machen usw. Ich erinnere an die alte Werbeformel **AIDA** ...

A = **Aufmerksamkeit** erregen,
I = **Interesse** fesseln,
D = **Drang** oder **Wünsche** erzeugen,
A = **Abschlußversuch** einleiten.

Strategie für Verkaufsgespräche
Aufbau und Verlauf von Verhandlungen

1. Studium des Klimas in der Umgebung
2. Sekretärinnen durch Charme gewinnen
3. Freundlich-freudige Begrüßung mit Partner
4. Vorstellung und Dank bei Erstbesuch (Steckbrief)
5. Persönliches Kontaktgespräch
6. Freude und Dankbarkeit äußern
7. Grund und Besuchsmotiv nennen
8. Verhandlungsdauer abstimmen
9. Verhandlungsplanung vorlegen
10. Initiative mit Informationen ergreifen
11. Fragen nach Kundensituation stellen
12. Bisherige Kontakte und Aufträge? (Vergangenheit)
13. Zufriedenheitsgrad erforschen (?)
14. Vorteile von Produkt oder Dienstleistung offerieren
15. Dienstleistungen zu Werten entwickeln
16. Erst Vorteile, dann Preisgespräche
17. Technik vorführen, zum Nutzen führen
18. Überzeugend demonstrieren
19. Unterlagen überreichen, erläutern
20. Referenzen einsetzen
21. Einwände erkennen, entkräften
22. Probleme erfragen, beraten
23. Alternativvorschläge machen
24. Chancen erkennen (Einladung?)
25. Zeitdauer der Verhandlung beobachten
26. Abschlußversuch einleiten
27. Beim „Nein" Abwehrgründe erfragen
28. Letzte Vorschläge wagen
29. Respektvoll verlieren oder für Erfolg bedanken
30. Abwicklung besprechen (bei positivem Ergebnis)
31. Terminvereinbarung und Verabschiedung
32. Dank oder Anerkennung einbauen

Das 12-Phasen-Modell für Verkaufsgespräche
Disposition für Berater und Verkäufer

I. Vorplanung und Zielsetzung

1. Besuchsbedarf untersuchen
2. Besuchsanmeldung vornehmen
3. Reiseplanung machen
4. Korrespondenz und Akte prüfen
5. Firmenanweisungen studieren
6. Haupt- und Nebenziele festlegen
7. Verhandlungsplanung entwerfen (Disposition)
8. Besonderheiten einplanen
9. Mögliche Einwände einkalkulieren
10. Demonstrationsunterlagen bereitstellen
11. Kundenumgebung durchfühlen
12. Abstimmung mit Verkaufsleitung.

II. Verhalten in der Kundenumwelt

1. Räume und Ausstattung studieren
2. Personalverhalten beobachten
3. Alle Menschen grüßen
4. Lächeln
5. Vorstellung mit Grund des Besuches
6. Visitenkarte überreichen
7. Für Bemühungen bedanken
8. Platzangebot nicht ablehnen
9. Nicht rauchen
10. Auf Verhandlung konzentrieren
11. Begrüßungsform überlegen
12. Freude einschalten.

III. Verhandlungstaktiken für Erstbesuche

1. Freude zeigen und bedanken
2. Kein Routine-, sondern Repräsentationsbesuch

3. Besuch im Auftrag der Geschäftsleitung
4. Prüfung einer möglichen Partnerschaft
5. Um Vertrauen bitten
6. Eigenvorstellung
7. Firmenvorstellung mit Unterlagen
8. Größe – Absatzradius – Image
9. Marktführung international
10. Dienstleistungen herausstellen
11. Referenzen einsetzen
12. Vorschläge unterbreiten.

IV. Aktives und sympatisches „Zuhören"

1. Partner reden lassen
2. Ausreden lassen
3. Augenkontakt behalten
4. Freundlich zuhören
5. Lächeln
6. Ausführungen benicken
7. Innere Zuwendung zeigen
8. Staunen
9. Respekt erweisen
10. Dankbarkeit anzeigen
11. In Redepausen Fragen stellen
12. Wichtige Informationen notieren.

V. Fragetechnik zur Partneröffnung

1. Verbindung in der Vergangenheit?
2. Wann – mit wem – letzter Kontakt?
3. Firmenentwicklung?
4. Gegenwärtige Situation?
5. Heutiger Zufriedenheitsgrad?
6. Zukunftspläne?
7. Technische Probleme?
8. Personalprobleme?
9. Verkaufs- und Vertriebserfolge?

10. Welche Verbesserungsmöglichkeiten?
11. An Neuheiten interessiert?
12. Einladung in die Firma?

VI. Verkauf von Dienstleistungen

1. Außergewöhnliche Dienstleistungen
2. Service = unsere stärkste Firmensäule
3. Ausgebildete Fachberater, Problemlöser
4. Sind begehrt, bewundert, bestaunt
5. Individuelle Betreuung
6. Aufrichtige, ehrliche Beratung
7. Sind immer für Kunden erreichbar
8. Zuverlässiger Innendienst
9. Schnelle Kommunikation
10. Verläßlichkeit bei Terminen und Zusagen
11. Partnerschaftlichkeit
12. Wir *fühlen* mit unseren Partnern.

VII. Der Ideenverkauf = Verkauf von Vorteilen

1. Produkte sind nur „Mittel" für Zweck und Ziele
2. Der Zweck = Vorteile, Nutzen, Gewinn
3. Nicht das Mittel, sondern den Zweck verkaufen
4. Argumente auf *Vorteile* zuschneiden
5. „Technik" auf Vorteile lenken
6. „Qualitäten" mit Vorteilen beweisen
7. Dienstleistungen zu Geld machen
8. Nutzen auf Gewinn errechnen
9. Mit Ergebnissen „Begierde" wecken
10. Vorteile nicht verschleudern
11. Prospekte nicht zu früh einsetzen
12. Kontrollfragen stellen.

VIII. Demonstrations- und Vorführtechnik

1. Produkte mit *Freude* bekleiden
2. Dienstleistungen zum Leben erwecken

3. Spannung und Neugier wecken
4. Körperlich aktiv bleiben
5. Optisch und bildhaft demonstrieren
6. Dokumentationen erläutern
7. Partner heranziehen und beschäftigen
8. Suggestivfragen einblenden
9. Kontrollfragen stellen
10. Mit Hochachtung und Respekt vorführen
11. Mit „Lächeln" demonstrieren
12. Nicht hektisch werden.

IX. Preistechnik und -psychologie

1. Preise sind immer relativ
2. Nicht mit Preisgespräch beginnen
3. Erst die *Vorteile,* dann der Preis
4. Zu frühe Preisfragen verzögern
5. Hohe Preise sind auch Beweise
6. Nie von „teuer" und „billig" reden
7. Mit „festem Preisgefüge" argumentieren
8. Dienstleistungen in Preise einsetzen
9. Nachlaßforderungen bedauernd ablehnen
10. Billige Produkte machen ein Unternehmen billig
11. Erfolge, Image und Marktführung einsetzen
12. Keine Angst vor hohen Preisen.

X. Abschlußtechnik

1. Auf „Reifegrad" achten
2. Zusatzfragen positiv werten
3. Kopfnicken positiv werten
4. Direkter Augenkontakt ist eine Bejahung
5. Rhetorische Schlußfragen stellen
6. Letzte Vorschläge unterbreiten
7. Bei Abwehr Alternativvorschläge machen
8. Auch „Testkauf ohne Risiko" vorschlagen
9. Bei Mißtrauen Referenzen einsetzen

10. Kunden von falschem Kaufentschluß abraten
11. Bei Kauf Freude zeigen
12. Auch für die Firma bedanken.

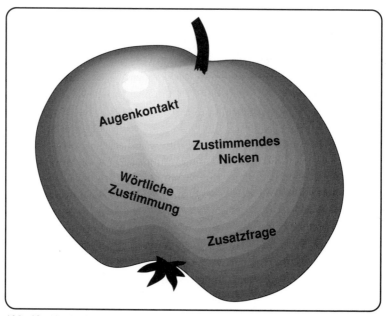

Abb. 10: Abschlußtechnik Reifegrad

XI. Verhandlungsende und Abgang

Nach Erfolg
1. Aufrichtig bedanken
2. Zum Kauf beglückwünschen
3. Erfolg ist eine neue Verpflichtung
4. Nach Kaufmotiv fragen (Ursache)
5. Abwicklung und Termine vereinbaren.

Nach Mißerfolg
1. Verständnis für Entscheidung zeigen
2. Höflich nach Grund der Ablehnung fragen
3. Für kostbare Zeit bedanken

4. Um neue Chance bitten

5. Keine Enttäuschung zeigen.

XII. Kontrollfragen für die Nachplanung

1. Wie war der menschliche Kontakt?

2. Verlief das Gespräch nach Planung?

3. War der Zeitpunkt richtig?

4. Wer hatte die Initiative?

5. Wo war ich unsicher?

6. Fehlte mir Mut zum Risiko?

7. Wie war meine Sprache?

8. Wie sah ich aus in der Verhandlung?

9. Was habe ich erreicht?

10. Was habe ich nicht erreicht?

11. Was habe ich vergessen?

12. Was ist sofort zu tun?

Argumente für Gesprächseinleitungen

(24 Rohideen zum Aussuchen nach Branche und Kunde)

A. Eröffnung und Kontaktprozeß

1. Ich *freue* mich über Ihren freundlichen Empfang, den ich als „Vertrauen auf Vorschuß" betrachte.

2. Mein Besuch ist kein Routinebesuch, sondern ein Repräsentationskontakt im Auftrag meiner Geschäftsleitung.

3. Ich möchte Sie mit Erfolgsvorschlägen und *neuen* Ideen überraschen, denn alte Ideen sind immer nur solange gut, bis neue und bessere gefunden werden.

4. Als Berater bitte ich um Ihr Vertrauen. Dazu benötige ich ein Gespräch. Ohne Gespräch und Marktkontakte laufen neue Fortschritte an Ihnen vorbei.

5. Wir können mit unseren Marktspitzen Ihr Vertrauen nur gewinnen, wenn Sie mir einige Minuten Zeit schenken, denn auch Sie leben nicht vom Geld, sondern von der *Zeit,* die Geld bringt.

6. Vergangene Erfolge sind leider schon vergangen. Betrachten Sie meinen heutigen Besuch als eine Chance für *neue* Erfolge.

B. Fragetechnische Einleitungen

1. Erinnern Sie sich noch an meinen letzten Besuch, wie wir verblieben sind und welche Vorschläge ich Ihnen machte?

2. Wir haben Sie inzwischen beliefert. Wie war Ihr Zufriedenheitsgrad? Gab es irgendwelche Probleme?

3. Als Berater habe ich einen Frageberuf und möchte als erstes drei Fragen an Sie richten ...

4. Wenn ein Kunde uns im Moment keine Chance gibt, dann respektieren wir das. Ich werde aber *alles* tun, damit wir im Kontakt bleiben. Unsere Beratung ist für Sie kostenlos. Warum also darauf verzichten?

5. Sie haben bei uns gekauft. Wir sind froh darüber. Warum geben Sie aber den Produkten **Turan** und **Etta** keine Chance? Man kann nichts ablehnen, was man nicht kennt.

6. Meine Firma glaubt, daß wir gewinnbringende Partner für Sie sein könnten. Darf ich Ihnen in wenigen Minuten gezielte Vorschläge mit einer neuen Erfolgsstrategie unterbreiten?

Produktpsychologie
(Argumente zum Beleben und Verpacken von Produkten)

1. Schauen wir uns dieses stolze Produkt etwas näher an ...

2. Sie werden schnell Vertrauen zu diesem herrlichen Produkt haben, das noch von unseren Dienstleistungen gekrönt wird.

3. Die besonderen Vorteile machen dieses besondere Produkt unantastbar und unschlagbar.

4. Ein attraktives Erzeugnis; bekannt, begehrt, beliebt, bewundert – BBBB.

5. Ein überlegenes Produkt, das im Markt unvergleichbar ist.

6. Vergleichen Sie unsere Erzeugnisse und Dienstleistungen mit anderen in der Welt. Sie finden keine ebenbürtigen.

7. Geben Sie meinen Vorschlägen und mir persönlich eine risikofreie Chance. Sie bereuen sie nicht.

8. Hinter meiner Firma stehen Erfahrungen, Reife, Entwicklung und ein hoher Bekanntheitsgrad.

9. Wir bieten Ihnen Vorteile für neue Erfolge und höhere Gewinne. Das sind meine Angebote für Sie.

10. Vergangene Erfolge sind leider schon vergangen. Geben Sie uns eine Möglichkeit für die Einleitung einer neuen Erfolgsepoche bei Ihnen!

11. Anerkannte Experten stehen hinter unseren Erzeugnissen. Ich selbst bin immer wieder neu begeistert.

12. So wie ich Ihre Firma kenne, weiß ich, daß wir mit unseren Leistungen und Vorteilen kooperieren können.

13. Für unsere Kunden stellen wir unser ganzes Unternehmen zur Verfügung. Die ehrliche Partnerschaftlichkeit mit Helfen und Dienen führte uns im Markt nach vorn.

Faktoren für Preisrelationen und -vergleiche

Vorteile, die zu Geld zu machen sind

1. Unternehmen
2. Image, Bekanntheitsgrad
3. Marktanteile
4. Referenzen
5. Produktreferenzen
6. Forschungszeitraum
7. Produktentwicklung, Investitionen
8. Personal- und Lohnkosten
9. Vorkosten
10. Besuche und Verhandlungen
11. Reisen und Spesen
12. Projektkosten und -dauer
13. Bisherige Erfahrungen
14. Wettbewerbsvergleiche mit Nachteilen (namenlos)
15. Wettbewerbsvergleiche mit Vorteilen (namenlos)
16. Nachlaß oder Rabatt
17. Zahlungsbedingungen
18. Neuheiten, Vorsprung
19. Gütegrad mit Unvergleichbarkeit
20. Dienstleistungen und Nach-Service
21. Verpackungskosten
22. Versand- und Transportkosten
23. Garantien, Sicherheiten
24. Einsparungen, Rationalität
25. Exklusivität
26. Rentabilität
27. Lebensdauer
28. Währungsvorteile
29. Lieferzeiten
30. Verkaufshilfen

Der Zusatzverkauf

Nur wenige Verkäufer in ganz speziellen Branchen haben keine Möglichkeit für „Zusatzverkäufe". Die meisten haben *verwandte,* im Zusammenhang stehende oder ergänzende Produkte bzw. Dienstleistungen anzubieten.

Der Zusatzverkauf kommt als „Mehrverkauf" doch immer dann zu kurz, wenn

- ein Verkäufer sich zu fest auf *ein* Produkt versteift und die Verkaufsdialoge zu zeitraubend werden, oder

- wenn ein Interessent die totale Initiative übernommen hat und den Verkäufer erdrückt, oder

- wenn der Interessent bzw. Kunde unbeirrbar an *einem* Produkt suggestiv festhält.

Verliert ein Berater beim Verhandeln die Initiative, so ist die Möglichkeit zum Zusatzverkauf fast verloren. Es gibt jedoch Branchen und Verkäufer, welche 20 bis 30% ihrer Umsätze mit Zusatzverkäufen tätigen.

Empfehlungen:

1. **Mehr- oder Zusatzverkauf mit einplanen.**
2. **Zusatzverkauf erst dann einleiten, wenn vorheriges Produkt chancenlos.**
3. **Zum Zusatzverkauf *nach* Kaufabschluß überleiten.**
4. **Zusätzliche Bedürfnisse mit Fragen aufdecken.**
5. **Zusatz-Vorschlag als „Einfall" bringen.**
6. ***Mut* für Zusatzverkäufe einsetzen.**
7. **Initiative behalten.**

5. Sprache und Ausdruck – Rhethorische Über- zeugung

„Gedanken haben kann nur der, der das Wort dazu hat, denn alles Denken ist wortverbunden!"

Quintilian

Die Sprache, mit der sich jeder Mensch öffnet, ist bis zum Ende des Lebens

- der Motor für die seelische Entfaltung,
- die Übersetzerin aller Empfindungen und Gefühle,
- ein Spiegel des Bildungsgrades,
- die Verkäuferin des Geistes und der Erfahrungen,
- ein wunderbares Motivationswerkzeug,
- die Ursache vieler Mißverständnisse,
- ein Waffenarsenal für Angriff und Verteidigung,
- das Instrument für den Einkauf von Sympathien,
- das Werkzeug für den Erwerb von Vertrauen.

Die Sprache und die Welt

Die Sprache regiert die Menschen.
Der Wortschatz setzt dem Menschen Grenzen.
An der Sprache messen sich die Menschen.
Die Sprache bringt Freude und Leid.
An der Sprache orientieren sich die Gegner.
Die Sprache regiert die Politik.
Die Sprache überträgt die Religionen.
Die Sprache formuliert Gesetze und Gebote.
Ohne Sprache der Menschen stünde die Welt still.

Die Sprache und ihre Wirkung

Wer seinen Mund öffnet, wird gesehen und danach beurteilt.
Wer redet, zeigt seine Herkunft.
Wer kämpfen möchte, muß reden können.
Wer imponieren will, muß beeindrucken können.
Wer begeistern will, muß faszinieren können.
Wer verkaufen will, muß überzeugen können.

Sprich, damit ich dich sehe,

sagte Sokrates zu Alcibiades, und er meinte damit ...

Es kommt oft weniger darauf an,
was man einem Menschen sagt, sondern

wie man es sagt,
wer es sagt,
mit welchem **Gesicht,**
mit welchen **Augen,**
mit welchem **Respekt,**
mit welcher **Stimme,**
mit welchen **Manieren,**
wo und wem man es sagt,
in welcher **Situation** und
wann es gesagt wird!

Die Worte

Der Umgang mit Menschen geschieht mit *Worten.* Verwendet man das Wort „Begriff", so ist jeweils der Inhalt des Wortes gemeint oder die Bedeutung. *Ein* Wort kann bei verschiedenen Menschen völlig verschiedene Wirkungen auslösen.

Es gibt kalte, unpersönliche Worte und auch warme und wohltuende. Dies hängt davon ab, *wie* man ein Wort verpackt, anzieht und bekleidet. Worte ohne Anteilnahme und *Gefühle* haben keine seelischen Wirkungen. Ohne gute Gefühle in den Worten kann man keinem Menschen etwas Gutes antun.

Worte sind auch die Kommunikationsträger zwischen Menschen. Jede menschliche *Bemühung* fängt mit Worten an. Menschen gewinnen und überzeugen heißt: Mit Worten etwas glauben machen und Vertrauen erwerben. Doch dies gelingt nicht, wenn man schnell, hektisch, monoton, gefühllos und unpersönlich spricht, also ohne Emotionen, Herz und Gefühle.

Worte

- berühren viele menschliche Leben im täglichen Kontakt,
- tragen oft eine charakterliche Verantwortung,
- zeigen das Innenleben,
- sind faszinierend oder seelenlos,
- zeigen Stärken und Schwächen auf,
- bewegen oder lassen kalt,
- befreien oder blockieren andere,
- beglücken oder bedrücken,
- geben Hoffnung oder lassen zweifeln,
- sind die Flügel unserer Ideen,
- können uns in Sekunden weit zurückwerfen,
- bilden und formen unsere Intelligenz.

Sätze

Die Redegüte und die Verständlichkeit hängen mit von den Satzkonstruktionen ab. Ein Satz ist die sprachliche Bezeichnung für einen Teil des Denkinhaltes. Diese Denkteile sind je nach Konzentration, Phantasie, logischem Denkvermögen und der Pausentechnik kurz oder lang.

Es gibt

- kurze und klare Sätze,
- logische Sätze,
- unlogische Sätze,
- lange Sätze,
- sehr lange und uferlose Sätze,
- Phrasensätze,
- Schachtelsätze,
- Nebensätze, Zwischensätze.

Lange Sätze

Sie sind kompliziert, meist grammatikalisch unklar. Sie benötigen viel Konzentration und erfordern übermäßige Aufmerksamkeit vom Zuhörer. Lange Sätze erschweren das Verstehen, kosten kostbare Zeit und verlieren sich oft in Nebensätzen. Sie haben keine Kraft, keine Treffsicherheit oder Tiefenwirkung und werden schnell vergessen.

Kurze Sätze

Sie bestehen aus solch abgeschlossenen Denkinhalten, die keine Nebenstraßen haben und nicht mehrgliedrig sind. Es sind treffende und wirkungsvolle Aussagen, die sich aus fünf bis zehn Wörtern zusammensetzen.

Kurze Sätze sind überschaubar, immer logisch und im Dialog geistig einfach. Sie gehen in die Tiefe, haben Langzeitwirkung und verhindern das Zuvielreden. Sie sind die Feinde der Bindewörter wie „und – denn – daß – aber – weil" usw. Sie benötigen auch keine Kommas.

Wichtige Empfehlungen:

1. **In Wort und Brief kurze Sätze trainieren.**
2. **Auf Neben- und Zwischensätze verzichten.**
3. **Keine Bindewörter, wenig Kommas.**
4. **Sätze im Geiste vor sich sehen.**

Beispiele für kurze, klare und logische Sätze

„Es ist schön, Ihnen wieder zu begegnen. Wir haben uns lange nicht gesehen. Das letzte Mal vor etwa einem halben Jahr. Erinnern Sie sich?

Inzwischen hat sich vieles getan. Sie machten neue Investitionen. Sie gingen sogar an die Börse. Meinen Glückwunsch!

146

*Sie stehen heute ausgezeichnet da. Vor allem mit Ihrer „beson-
deren Note" im Markt. Sie wurden in knapp 20 Jahren bekannt,
sind heute begehrt, bewundert und beneidet. Das ist ein Erfolg.
Ein großer Erfolg!"*

Normale Informationssätze

Wer lange Sätze bildet, ist unklug. Lange Sätze kosten die vielfache Konzentration. Kurze Sätze sind viel besser. Sie sind immer überschaubar. Lange Sätze sind kompliziert und ermü-
dend. Sie sind meistens auch grammatikalisch unklar.

Mit kurzen Sätzen kann man *mitfühlen*. Kurze Sätze sind auch
optisch vorteilhaft. Die Phantasie findet schnell einen Platz.

Die menschliche Stimme

Die Stimme *belebt* jeden Menschen und ist für Überzeugungsberufe das stärkste Überzeugungsinstrument. Es ist zu unterscheiden zwischen zwei Stimmcharakteren:

• die Verstandesstimme,
• die Gefühlsstimme.

Die Verstandesstimme wird überwiegend vom Verstand und
von der Ratio geleitet, ist also sachlich, zweckgebunden oder
informatorisch. Die Gefühlsstimme *tönt* mit der Seele, macht
den „Sound", zeigt Emotionen, Empfindungen und Temperamente.

Die **Wirkung** einer Stimme wird von Zuhörern weniger vom
Verstand als von den Gefühlsfunktionen aufgefangen. Sie ist
meistens der Erzeuger von Sympathie und Antipathie. Wer
Menschen überzeugen möchte, benötigt Emotionen, Kraft,
Energie und seelische Musik in der Stimme, also Modulation.

Die stimmliche Lethargie, Monotonie und Feigheit wecken niemals Interesse. Sie sind der Tod jeder Rede. Worte, Gedanken, Empfindungen und Gefühle wollen ins Leben hinaus, denn jede menschliche Seele möchte sich entfalten und sehnt sich nach Leben und Wirken.

Eine Stimme

- übermittelt inneres Erleben,
- läßt Vertrauen oder Mißtrauen heraushören,
- zeigt den Grad gegenseitiger Hochachtung,
- offenbart Respektlosigkeit,
- ist kalt oder warm,
- kann lärmen, reizen, abstoßen,
- kann schmerzen oder schmeicheln,
- kann wunderbar sein,
- zeigt am Telefon das Gesicht eines Partners.

Die menschliche Stimme ist ein wunderbar biegsames Instrument, oft himmlisch und teuflisch zugleich. Man kann mit ihr lächeln, lachen, finster, respektvoll, respektlos, gelangweilt, sympathisch oder mürrisch *blicken*. Sie zeigt auch das Leben des menschlichen Unterbewußtseins.

Pausentechnik und Pausenarten

Pausen sind beim Reden wichtig, besonders *gezielte* und berechnete Pausen. Pausen unterbrechen den Redefluß und teilen das Reden in Abschnitte ein. Sie bestimmen auch den Sprachrhythmus.

Pausen haben auch psychologische Aufgaben: Sie regulieren die Wirkung, erregen Aufmerksamkeit, stoppen zu schnellen Redefluß, führen zur Ruhe und erlauben das Atmen. Sie stellen die Auskuppler der Redemotoren dar.

Schnelles und hektisches Sprechen ist nur ohne Pausen möglich. Wirkungssteigernde Effekte gehen dadurch verloren. Die innere Unruhe wird gesteigert. Oft kommt die Angst dazu, und die Übersicht geht völlig verloren.

Pausen müssen passen und überraschen. Dies ist nur dann möglich, wenn der *Zeitpunkt* stimmt. Es gibt:

1. Konzentrationspausen (für Redner)
2. Lockpausen (für den Partner)
3. Zwangspausen (bei Unterbrechungen)
4. Wirkungspausen (nach Höhepunkten)
5. Dramaturgische Pausen (vor Höhepunkten)
6. Disziplinarpausen (bei Unruhe)
7. Verlegenheitspausen (beim Faden verlieren)
8. Atempausen (zur Stärkung).

Pausen fallen nicht auf und sind nicht schädlich, wenn der *Augenkontakt* mit dem Partner oder Publikum beibehalten wird. Dadurch fließt die Beeinflussungs- und Redewirkung auch ohne Worte weiter.

Empfehlungen:

1. An Pausen denken.
2. Mehr Pausen als bisher machen.
3. Pausen für Kontrollen ausnutzen.
4. In Pausen kräftig atmen.
5. Pausen zur Beobachtung ausnutzen.
6. Augenkontakt beibehalten.
7. Pausen für Notizen verwenden.
8. Pausen gegen Vielredner einsetzen.
9. In Pausen an Redezeit denken.
10. In Pausen Selbstkontrolle vornehmen.

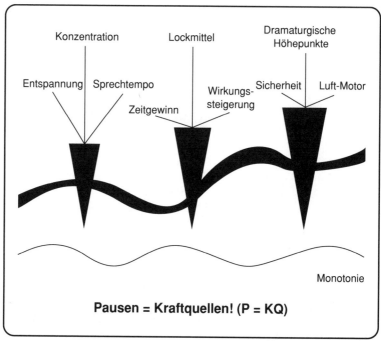

Abb. 11: Wirkung der Pausen

Die Gefahren des Zuvielredens

Zu viele Worte wirken zerstörerisch, wenig Worte haben Gewicht und wirken. Zuviel reden führt zu Langatmigkeit, Umständlichkeit, Unlogik und Aufdringlichkeit. Zuviel reden ist auch teuer, es kostet den Verlust von wertvollen Sympathien.

Die Phantasie beflügelt die Menschen zur Langatmigkeit. Die Verständlichkeit und die Ziele gehen verloren. Das Zuvielreden kostet auch Zeit. Aller Menschen Zeit ist aber wertvoll. Zeitbewußte Menschen meiden Vielredner und Zeitdiebe. Sie wissen, daß sie nicht vom Geld leben, sondern von der Zeit, die Geld bringt. Auch wirken Partner mit einem großen Redefluß angeberisch.

150

Jedes überflüssige Wort wirkt seinem Zweck genau entgegen. Zuviel reden erzeugt Ballast. Langatmig reden kostet die vielfache Konzentration. Das ist eine nervliche Belastung, die zur Unsicherheit führt. Vielredner kann man im Vielreden behindern, indem man sie mit geschickten Fragen ablenkt.

Eine gut geführte Argumentation besteht nie aus einem einseitigen und ich-bezogenen Roman, sondern aus einem **Dialog,** also einem Zwiegespräch im Frage- und Antwortspiel.

Empfehlungen gegen Monologe:

1. **Erkennen, wann Vielredner gestört werden müssen.**
2. **Vor dem Reden denken und zielen.**
3. **Eher weniger als zuviel reden.**
4. **Verhandlungsziele im Auge behalten.**
5. **Initiative zum Dialog ergreifen.**
6. **Irritieren durch Notizen machen.**
7. **Redezeit und -länge „fühlen".**
8. **Atempausen zum Einschalten nutzen.**
9. **Mit Fragetechnik arbeiten.**
10. **Bei „Erhitzungen" beherrschen.**
11. **Kurze Sätze formen.**
12. **Langsam sprechen.**

Das Sprechtempo

Redner, Chefs, Berater und Verkäufer versuchen, so gut wie möglich ihre Zeit zu nutzen. Doch wenn Konferenzen oder Redezeiten zeitlich begrenzt werden, dann sitzt die *Zeitnot* im Nacken. Diese erzeugt einen Druck und erhöht automatisch das Sprechtempo, oft um das 2- bis 3fache. Wirkungsverluste sind die Folge und man benötigt die 4- bis 5fache Konzentration.

Durch ein hohes Sprechtempo werden Emotionen angekurbelt. Unruhe, Nervosität und Aufdringlichkeit durch Hektik sind die Folgen. Jeder hektische Mensch macht seine Umwelt nervös.

Mit *schnellem* Sprechen ist eine saubere Artikulation unmöglich. Die Aussprache ist verwaschen, Konsonanten, Geräusch- und Zischlaute werden verschluckt, die Stimmführung ist monoton, Versprecher schleichen sich ein, die Übersicht geht verloren, die Logik wird mißachtet und die Sätze werden lang.

Durch einen schnellen Redefluß ist auch die stimmliche Modulation, die Musikalität, die Gefühlssprache und die rhetorische Ästhetik nicht möglich. Was nützt die beste Bildung, wenn davon nichts zu hören ist? Wer schnell spricht, kann nicht mehr fühlen!

Das hohe Sprechtempo verdrängt das Sprechbewußsein, unterbindet das Vorausdenkvermögen; Partner oder Publikum werden aus den Augen verloren und Selbstkontrollen sind unmöglich. Das gesprochene Wort wirkt abgehackt, wird durch das Tempo hinausgeschleudert, hat keine Seele und Wärme, ist kalt und besitzt kein Leben.

Empfehlungen:

1. **Freunde nach eigenem Sprechtempo befragen.**
2. **Langsames Sprechen trainieren.**
3. **Im Zeitlupentempo Texte lesen.**
4. **Vokale und Wörter dehnen.**
5. **Reden auf Recorder aufzeichnen und abhören.**
6. **Mehr Pausen einsetzen.**
7. **Mit Mund und Zähnen artikulieren.**
8. **Bewußt und gut atmen.**
9. **Kurze Sätze bilden.**
10. **Merkzettel „langsam" anfertigen.**

Die Aussprache

Die wenigsten von uns beherrschen die Regeln der richtigen Sprechtechnik, Laut- und Klanglehre (Phonetik), die Technik der Hochsprache mit der richtigen Artikulation und die feine Bildungssprache.

Alle Führungs-, Lehr-, Beratungs- und Verkaufsberufe sind ... *Redeberufe.* Wer überzeugen, Menschen gewinnen und leiten muß, hat mehr Erfolg mit einer sauberen und gepflegten Aussprache.

Wer den Mund aufmacht, gewinnt oder verliert. Wer redet, öffnet sich, wird gesehen, wirkt positiv oder negativ mit seiner Ausstrahlung. Nach der „Aussprache" werden Menschen schnell klassifiziert.

Dies gilt für alle Sprachen – auch die heimatlichen Landessprachen. Jeder sollte in seinem Landesdialekt gut, sauber und attraktiv sprechen können, ohne völlig die „Besinnung auf Wirkung und Bildung" zu verlieren.

Nur wenige sprechen einen sehr sauberen, verständlichen, besonnenen Heimatdialekt wie Schweizerdeutsch, Bayrisch oder Schwäbisch, weil der eigene „Dialekt" der Muttersprache ein bequemes und automatisches Sprachklischee ist, das uns schon als Kind verliehen wurde.

Jeder hat schon Referenten, Künstler oder Showmaster beneidet, deren Faszination primär auf zwei Fähigkeiten basierte: Aussprache und Charme. Diese Wirkungen entstehen durch

- die Besinnung und Konzentration auf die Sprache (Sprechbewußtsein),
- aktive Mundarbeit, Öffnung des Mundes und Freilegen der Zähne,

- Belautung der Konsonanten und Dehnung der Vokale,
- langsames Sprechen mit guter Artikulation.

Noch nie hat ein Mensch oder Redner durch schnelles Sprechen an Wirkung gewonnen. Wer schnell spricht, verschluckt viel, redet unkultiviert, kann nicht artikulieren und kontrollieren.

Atmung und Atemtechnik

Sprechen ist – physiologisch gesehen – Ausatmen. Richtig und sicher sprechen heißt demnach: Richtig atmen mit genügend Sauerstoff. Neun Zehntel aller Menschen – wie Ärzte feststellten – atmen ungenügend oder falsch.

Die *Lunge* ähnelt einem Schwamm. Sie hat keine eigenen Bewegungen. Diese werden ihr von außen her durch das Einströmen der Luft durch die Luftröhre vermittelt. Die Lungenbläschen füllen sich durch Einatmen und leeren sich durch Ausatmen.

Resonanz, Artikulation und Stimmklang ergeben die menschliche Lautsprache. Sprechen ist ohne Atmung nicht möglich. Der Atem ist die Energiequelle für die Lautbildung. Dabei ist die Ausatmung so wichtig wie die Einatmung. Beim Einatmen wird Sauerstoff aufgenommen und Energie erzeugt. Es gibt vier Atemwege:

- Brust-, Schulter- und Kopfatmung,
- Zwerchfellatmung,
- Flanken- oder Rippenatmung,
- Tief- und Bauchatmung.

Viele leiden unter Atemnot, heben die Schultern, atmen nur halb ein und auch nur halb aus. Das ergibt die Preßatmung, die Spannung erzeugt und ungesund ist. Die Tiefatmung ist die gesündeste Atmung, weil sie entspannt.

Beim normalen Sprechen macht der Mensch bis zu 20 Atemzüge pro Minute, das sind fünf bis sieben Liter Sauerstoff, die dem Blut zugeführt werden. Bei körperlicher Betätigung benötigt man schon fünfzehn bis zwanzig Liter Sauerstoff. Das gilt auch für überzeugendes, dynamisches und energievolles Sprechen und Reden!

Empfehlungen:

1. **An das Atmen denken.**
2. **Stark und bewußt atmen.**
3. **Voller ein- und ausatmen.**
4. **Die Tiefatmung verstärken (Bauch).**
5. **Hörbares Atmen trainieren.**
6. **Morgens kräftige Atemübungen machen.**
7. **Mit Gesang freisingen.**

Die Körpersprache

Wer Ideen, Produkte, Vorteile, Nutzen, Dienstleistungen verkaufen möchte, muß *reden* und überzeugen können. Das **Wie** einer Argumentation oder Rede ist oft wichtiger als das **Was.** Wichtiger als eine Rede ist immer der *Redner,* denn es kommt darauf an, was er aus seiner Rede zu machen versteht, sagte und schrieb Sokrates.

Gute Ideen und Argumente müssen *leben,* gut „angezogen" werden und verpackt sein. Sie brauchen Seele, Blut und Eigenüberzeugung, um Vertrauen zu erwerben. Ohne Leben, Temperament und Aktivität ist dies nicht möglich. Die stärkste Überzeugungskraft resultiert immer aus der eigenen Überzeugung.

Über 60 % aller Informationen werden vom Menschen *sichtbar* gemacht, also unbewußt über körperliche Bewegungen vermittelt. Doch ohne seelische Entfaltung, ohne sich zu öffnen, kann man kein Innenleben zeigen oder gar Wahrheiten demonstrieren.

Selbst der Körper kann dem Partner Wohlwollen, Annahme, Bejahung, Vertrauen und Interesse zeigen, doch alles fängt beim **Wollen** an. Dies ist an vier Funktionen sicht- und meßbar: an den **Augen**, der Stimme, dem Gesicht und den Händen. Achten Sie künftig bei Ihrem Partner auf diese Informationsquellen.

Folgende Reaktionen und Signale werden als negativ aufgefangen:

  1. Kritische Augen, kaltes Gesicht.
  2. Verschränkte Arme, Hände in den Taschen.
  3. Spiel mit Stift oder Brille.
  4. Ausweichen mit den Augen.
  5. Kratzen am Kopf.
  6. Disziplinlose Haltung.
  7. Körperliche Unruhe.
  8. Klopfen mit den Fingern.
  9. Aggressive oder monotone Stimme.
 10. Ins Wort fallen.
 11. Auf die Uhr schauen.
 12. Mit Zeigefinger argumentieren.

Geist- und kopflose Redegewohnheiten

**Ungute, aggressive und primitive Wendungen,
vor denen man sich hüten sollte**

  1. Da haben Sie mich falsch verstanden!
  2. Sie müssen doch zugeben ...
  3. Wie können Sie so etwas sagen?!
  4. Ehrlich gesagt ...

156

5. Das gibt es doch nicht!
6. Sie müssen daran denken ...
7. Unter gegebenen Umständen ...
8. Sie wollen damit doch nicht sagen ...
9. Haben Sie sich das gut überlegt?
10. Ich will Ihnen etwas sagen ...
11. Du hast mir nicht zugehört ...
12. Das ist mir egal.
13. Sie sollten sich merken ...
14. Haben Sie mich verstanden?
15. Wie soll ich das wissen?
16. Mach, was Du willst!
17. Da muß ich protestieren.
18. Das können Sie nicht beurteilen.

Besser, feiner und gebildeter ausgedrückt

1. Verzeihung, da habe ich mich unklar ausgedrückt.
2. Sie stimmen mir sicher zu ...
3. Was Sie sagen, verwirrt mich im Moment.
4. Meine aufrichtige Meinung ist ...
5. Sind Sie sicher, daß dies stimmt?
6. Bitte, beachten Sie dabei ...
7. Wenn es möglich ist ...
8. Möchten Sie damit sagen ...
9. Ich empfehle, das noch einmal zu überlegen.
10. Darf ich dazu etwas sagen?
11. Du warst eben etwas abwesend.
12. Das ist mir recht.
13. Bitte, denken Sie daran ...
14. Habe ich mich verständlich ausgedrückt?
15. Da bin ich leider überfragt.
16. Ich überlasse Dir die Entscheidung.
17. Darf ich einen Einwand machen?
18. Sind Sie sicher, das beurteilen zu können?

Die Angst in der Auseinandersetzung

Oft beginnt ein Gespräch sehr freundlich, oder eine Diskussion fängt sachlich an. Doch plötzlich wird der Ton schärfer. Persönliche Angriffe folgen. Aus der Diskussion wird die Debatte. Egoismus zeigt sich.

Das geschieht immer dort, wo verschiedene Meinungen aufeinanderprallen. Aus Partnern werden Gegner – im Alltagsleben, in der Politik und im Beruf. Die Sachlichkeit wird aber erst dann verlassen, wenn man Überlegenheit und Stärke eines anderen zu fürchten beginnt.

Diese Furcht macht ihn unbewußt zum Gegner, oft auch zum Feind. Niedrige Eigenschaften werden geweckt, die ohne *Angst* gar nicht entstehen könnten. Es ist eine doppelte Angst: Die Angst vor dem anderen und die Angst vor dem eigenen Ich.

Die Frage ist nun: Wie werde ich die Furcht in der Auseinandersetzung los? Was muß *ich* tun, damit der Partner sich nicht fürchtet? Wie muß *ich* reden, damit der andere keine Angst vor mir hat?

Es wäre ein Wunder, wenn den Menschen diese Furcht genommen werden könnte. Sie steckt in uns. Nur mit feinen rhetorischen, dialektischen Mitteln und Takt können Fragen und Probleme weitgehend sachlich, furchtlos, vorurteilslos diskutiert und einer Lösung zugeführt werden.

Vielleicht müssen wir lernen, alle menschlichen Meinungen zu respektieren, jeden Menschen so zu nehmen, wie er ist. Wir müssen begreifen, daß zwei Meinungen besser sind als eine, und auch lernen, daß wir freundlich kämpfen können.

Mit diesem großen „Wunder" kann aber wohl niemand rechnen. Es wird wohl auch weiterhin gestritten und gekämpft werden. Doch das Wunder beginnt bei der Fähigkeit des einzelnen, wenn er seinem Partner die Furcht nehmen kann und er *selbst* keine Furcht verbreitet.

Das Lampenfieber

Im „heimischen" Kreis, in der Privatsphäre, bei Freunden oder Bekannten treten wir sicher, laut, unbekümmert, ja auch verwegen auf. Unsere Reden fließen ohne Druck und Angst, weil man sich kennt. Man wird von niemandem scharf beobachtet oder beurteilt.

Anders ist es, vor wichtigen Persönlichkeiten, Vorgesetzten, Gruppen oder größeren Menschenmengen aufzutreten, also dort, wo uns viele beobachten. Dabei steht man unter seelischer Belastung. Diese erzeugt Druck, dieser wiederum macht Angst, verunsichert. Die Folge ist, daß man dann anders ist als sonst.

Die innere Sicherheit reicht bei öffentlichen Reden, Festreden und Gesellschaftsreden deshalb nicht aus, weil das Wissen, die Übung und das *Training* fehlen. Die freie Redekunst mit seelischer Entfaltung in öffentlichen Reden ist eine eigenständige Wissenschaft. Man kann nichts können, was man nicht weiß, und kann nichts wissen, was man nie lernte.

Lampenfieber ist nicht negativ, sondern positiv. Es schaltet das Gewissen ein, verhindert Selbstüberschätzung. Dieser Druck mit seinen Ängsten gehört zum Seelenleben und ist ein natürlicher Vorgang. Wer kein Lampenfieber hat, ist schlapp, hat keinen Dampf, keine Elektrizität und keinen Ehrgeiz.

Lampenfieber **ist:**

• Angst vor dem Vor- und Auftreten,
• Furcht vor einer Blamage,

- Angst vor fremden Menschen,
- Angst vor Kritik,
- Selbstzweifel,
- Minderwertigkeitsgefühl.

Lampenfieber **produziert:**

- Gefühlsdruck,
- Seelenverengungen,
- Spannung und Angst,
- Elektrizität,
- Hitze und Schweiß,
- Energien und Reserven.

Rhetorische Leitsätze und Philosophien

1. Die Sprache ist der Motor der menschlichen Lebenskräfte und der Spiegel des Wachstums!

2. Der Mensch ist so, wie er spricht, und er spricht so, wie er ist!

3. Die Sprache ist der Lautsprecher der Persönlichkeit!

4. Worte sind Wesens- und Charakterteilchen. Sie können himmlisch, aber auch teuflisch sein!

5. Überall dort, wo Gutes und Böses zwischen Menschen entsteht, ist immer die Sprache beteiligt!

6. Die besten Inhalte der Sprache sind gute Gefühle, freundliche Gesichter, gebildete Worte und Respekt!

7. Worte sind die Quelle des Lebens und die Nahrung zum Denken!

8. Kein Mensch kann sicherer auftreten, als seine Sprache es ihm erlaubt!

9. Die meisten Blockaden und seelischen Hemmungen werden durch die sprachliche Armut verursacht!

10. Wer nicht sicher reden kann, kann sich auch nicht verteidigen!

11. Geniales Wissen und große Erfahrungen reichen nie aus, man muß sie auch „verkaufen" können!

12. Wer Menschen erobern möchte, muß Emotionen zum Leben erwecken können!

13. Jede überlegene Position braucht eine überlegene Sprache!

14. Wer den Mund aufmacht, gewinnt oder verliert!

15. Die Sprache ist das Mark für die „Lebensfähigkeit"!

6. Wirkungsvolle Umgangsformen

„Von nichts kommt nichts...
auch kein gutes Benehmen.“

Bruno Neckermann

Spricht man von „Etikette", so berührt man die Gesellschaftslehren. Überall dort in derWelt, wo es Lehren über die Gesellschaft gibt – also in fast allen Ländern –, kümmert man sich um die *Bildung.* Je höher man in einer Karriere steigt, desto kritischer wird man beobachtet, desto bedeutender ist gutes **Benehmen.**

Gute, feine, attraktive und elegante Umgangsformen, Manieren und Gesellschaftsregeln sind in der Regel ein Produkt der Kindheit, Eltern, Erziehung, Ausbildung, Umwelt und natürlich des sozialen Milieus, in dem man verkehrt. Wir alle haben eine unterschiedliche Herkunft, hatten eine andere Ausbildung und kommen aus verschiedenen Milieus.

Demnach ist jeder Mensch mit seinen Manieren und seinem Benehmen ein „Produkt" des Mitgegebenen, Gewordenen und Werdenden zugleich. Am Benehmen und an den Manieren sind Herkunft, Milieu und Bildungsgrad schnell erkennbar. Dies schließt auch die Sprache mit ein, denn ein primitiver Wortschatz und eine bildungslose Dialektik leiten meistens ein primitives Benehmen ein.

Wer einen Führungs-, Verkaufs-, Kontakt- und Beratungsberuf hat, muß Menschen führen, leiten, überzeugen, gewinnen. Führungskräfte werden als Vorbild betrachtet und benötigen erstklassige Manieren für die Kommunikation. Sie sind der Ausdruck der gegenseitigen Hochachtung. Gutes Benehmen ist ein „Kulturprodukt" der Menschen.

Nichts ist selbstverständlich. Nicht einmal gute Manieren. Man muß sich sein Auftreten schon bewußt machen und sein Bewußtsein auf seine Umgangsformen einstellen.

165

Gute und richtige Umgangsformen

1. Platzangebote nicht anzunehmen ist unhöflich.
2. Mantelhilfen sollte man dankbar annehmen.
3. Männerhände gehören nicht in die Hosentaschen.
4. Zu nahe an Menschen heranzutreten wirkt aufdringlich.
5. Die eigene Frau ist nicht „meine Gattin", sondern „meine Frau" (Ausnahmen).
6. Beim Gähnen wendet man sich ab.
7. Beim Niesen in Gesellschaft ruft man nicht „Gesundheit!".
8. Auf der Straße geht der Herr nicht links von der Dame sondern auf der Gefahrenseite.
9. Gehen zwei Herren zusammen, ist der Ehrenplatz rechts.
10. In Begleitung von zwei Damen geht der Herr in der Mitte.
11. Eine Dame bleibt im Auto sitzen, bis der Herr ihr die Tür geöffnet hat.
12. Handküsse auf der Straße sind nur in Österreich und im Film üblich.
13. Ein Handkuß wird nur angedeutet. Die Lippen berühren den Handrücken der Dame nicht.
14. Man grüßt lieber zuviel als zuwenig.
15. Mit Hand begrüßen sich nur die, die sich kennen.
16. Ein Herr reicht einer Dame nie zuerst die Hand. Das entscheidet die Dame.
17. Ein Gruß ohne Lächeln ist nur Formsache.

Vom Bekanntmachen und Vorstellen

Falsches Bekanntmachen kann blamabel sein. Falsches Vorstellen kann beleidigen. Kontrollieren Sie Ihr Wissen über folgende gesellschaftliche Regeln:

A. Das Bekanntmachen

Bekannt gemacht werden:
1. Jugendliche und Kinder untereinander.

2. Gleichaltrige bzw. -reife, ohne Rang und Titel.

3. Gleichrangige Personen.

B. Das Vorstellen

Es werden vorgestellt:

1. Herren immer den Damen.

2. Junge Mädchen und Damen den alten Damen.

3. Junge Menschen den wesentlich älteren.

4. Rangniedere den Ranghöheren.

5. Unverheiratete Damen den verheirateten
(nur nicht bei wesentlichen Altersunterschieden).

6. Einzelne den Gruppen (bei Parties).

7. Neue Mitarbeiter den alten.

8. Ehrengäste bei öffentlichen Reden.

9. Jubilare den Mitarbeitern.

Gastgeber, Gäste und Parties

Es ist sicherer, eine Party mit einer „Checkliste" zu planen. Aus dem Kopf vergißt man viel. Folgende Ideen können Sie dabei verwenden:

1. Die schriftliche Einladung muß eine Information über die gewünschte Kleidung enthalten.

2. Für die Sitzplätze ist es ratsam, Namenskarten zu schreiben und aufzustellen.

3. Kerzen machen eine Party gemütlich.

4. Gäste begrüßen dürfen er oder sie, auch beide.

5. Für Geschenke und Blumen bedanken (Blumenpapier nimmt der Hausherr ab).

6. Zu Beginn offeriert man einen Steh-Aperitif.

7. Je nach Milieu und Titel stellt man Gäste vor oder macht sie miteinander bekannt.

8. Leichte Musik zu Beginn lockert auf.

9. Raucher benötigen Zigaretten und Aschenbecher, wenn Rauchen erlaubt ist. Das entscheidet die Dame des Hauses.
10. Der Gastgeber (oder die Gastgeberin) hält eine kleine Begrüßungsrede. Er gibt Informationen über den Partyverlauf.
11. Die Hausfrau bittet zu Tisch, erst dann setzen sich die Gäste.
12. Die bedeutendsten zwei Personen haben ihren Platz an der Seite der Gastgeber.
13. Nachzügler stellt man pauschal vor.
14. Die Gastgeber „wandern" und haben keinen festen Platz.
15. Das Ende der Party darf man manipulieren.

Gutes Benehmen mit kleinen Worten ...
wohltuend und wirksam

Freudige Zuwendungen

1. Ich danke Ihnen herzlich, Herr Schneider.

2. Vielen Dank für Ihre freundlichen Worte.

3. Ihr Entgegenkommen hilft mir sehr.

4. Was Sie sagen, ist mir angenehm.

5. Ihr Vorschlag ist ausgezeichnet.

6. Ihre Meinung gibt mir Sicherheit.

7. Ihre Bestätigung macht mich sicher.

8. Ihre Offenheit ist bewundernswert.

9. Das mache ich gern für Sie.

10. Sie sind sehr freundlich zu mir.

11. Meinen aufrichtigen Dank für Ihre Hilfe.

12. Sie haben mir eine Freude gemacht.

13. Ihre Anerkennung tut mir gut.

14. Darf ich Ihnen ein Kompliment machen.

15. Ihr Vertrauen ehrt mich.

16. Ich lerne gern von Ihnen.

17. Ihre Bescheidenheit ist beeindruckend.

Bewundernswerte Bescheidenheit

1. Dieses Mißverständnis ist meine Schuld.

2. Darf ich meine Worte verbessern.

3. Das war ein Fehler von mir.

4. Meine Unbeherrschtheit tut mir leid.

5. Das war ein Irrtum von mir.

6. Ich bedaure meine Heftigkeit.

7. Ich bitte um Entschuldigung.

8. Verzeihen Sie meine Unaufmerksamkeit.

9. Das ist eine meiner Schwächen.

10. Ich wollte Ihnen nicht zu nahe treten.

11. Ihre Kritik ist völlig berechtigt.

12. Entschuldigen Sie meine Verwirrung.

13. Ihre Frage bringt mich etwas in Verlegenheit.

14. Ich nehme Ihre Kritik gern an.

15. Würden Sie mir noch einmal vergeben.

16. Da bin ich im Moment überfragt.

17. Bitte entschuldigen Sie meine Vergeßlichkeit.

7. Praktische Psychologie und Menschenkunde

„Wir Menschen leben überhaupt nicht.
Wir werden von der Tiefe
gelebt und gesteuert."

Sigmund Freud

Das Rätsel Mensch

Jeder Mensch lebt nicht nur mit seinem Verstand oder Bewußtsein, sondern mit *drei* Bewußtseinssphären. Diese umfassen das Oberbewußtsein, das Unterbewußtsein und das Unbewußte in ihm.

Das *Bewußtsein* mit den Funktionen der Sinne, des Denkens und der Willenskräfte dient nur der Wahrnehmung dessen, was das vielschichtige Unterbewußtsein und das noch gewaltigere und mächtigere *Unbewußte* möchten, wollen und in der Tiefe des Menschen entschieden haben.

Die menschliche *Seele* ist nach wie vor ein Wunder. Sie läßt sich nie berechnen oder bestimmen und ist bis heute nicht ganz erforscht. Sie ist gekoppelt mit früheren Generationen, der Erbmasse, Kindheit usw. und produziert Einstellungen, Urteile, Gefühle und Reaktionen, gegen die wir oft machtlos sind.

Doch der Mensch ist kein selbständiges, allein funktionierendes Lebewesen. Er ist immer eingebettet in ein soziales, geographisches, kosmisches Umfeld und wird gesteuert von äußeren, manipulativen Beziehungen, die ihn prägen und beeinflussen.

Die „Individualität" oder charakterliche Wesensart kann sich gar nicht, langsam oder schnell ändern. Das ist von den Trieben und vom Wollen abhängig. Kein Mensch lernt oder tut mehr, als er will. Die „Selbstverwirklichung" aber hängt überwiegend vom Umfeld ab, das zur Entfaltung benötigt wird.

Die Sphären des Unterbewußtseins und des Unbewußten sind noch keine greifbaren – wenn auch angreifbare – Partner geworden. Jeder Mensch verstrickt sich oft im Ich und findet ohne fremde Hilfe keine Wege aus seinen Belastungen, Ängsten und Nöten heraus.

Jeder Mensch *braucht* Menschen. Er ist allein nicht lebensfähig. Wer mit dem Leben nicht zurecht kommt, der kommt mit den Menschen nicht zurecht. Dazu aber braucht es Menschenkenntnis. Sie ist zwar eine ungeistige, aber hohe Fähigkeit.

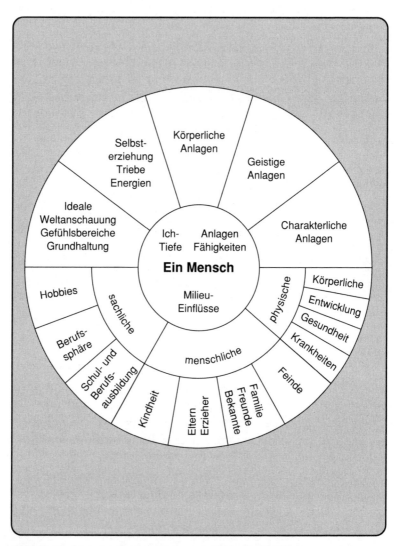

Abb. 12: Ein Mensch – Zusammensetzung individueller Einflüsse

Das Gehirn

Das Gehirn ist die wichtigste physiologische Grundlage für alle seelischen Funktionen. Seit Hippokrates gilt es als Träger des Bewußtseins und Sitz des Unbewußten. Es steuert die seelischen Funktionen.

Das Gehirn ist der Hauptteil des Nervensystems. Es besteht aus empfindlichen Nerven- und Stützgeweben, ist von einer Flüssigkeit umgeben und in die Schädelkapsel eingeschlossen. Es besteht aus zwei Hälften.

Die Hirnrinde bzw. Großhirnrinde ist etwa fünf mm dick. Sie besteht aus sechs Schichten mit ca. 70 Milliarden Nervenzellen. Diese sind durch Fasern mit dem Stammhirn, dem Rückenmark, den Körpernerven und den Sinnesorganen verbunden. Die Zellsysteme sorgen für die Aufrechterhaltung des Lebens, des Atems, des Blutdrucks und auch des Wärmehaushalts.

Professor Paul D. McLean aus Bethesda, USA, klassifiziert die drei Gehirne des Menschen so:

„Die Natur hat den Menschen mit drei Gehirnen ausgestattet, die trotz großer Unterschiede in Aufbau und Funktion zusammenwirken und sich miteinander verständigen müssen.“

Das Stammhirn

ist das erste und älteste Gehirn. Es ist das Gehirn der Verfügung über die Vergangenheit, speichert Erfahrungen von Jahrmilliarden des Lebens, es ist Sitz der Urinstinkte, Begierden und Lebensprogramme, der Selbsterhaltung und der Arterhaltung.

Das Zwischenhirn

ist das zweite Gehirn. Es ist das Gehirn der Verfügung über die Gegenwart, des blitzschnellen Reagierens auf den Augenblick, das Gehirn der Emotionen zwischen Angst und Aggression, der Selbstbehauptung gegenüber der Umwelt.

Das Großhirn

ist das dritte, jüngste Gehirn. Es ist das Gehirn der Verfügung über die Zukunft, der Möglichkeit des bewußt planenden, vorsor-

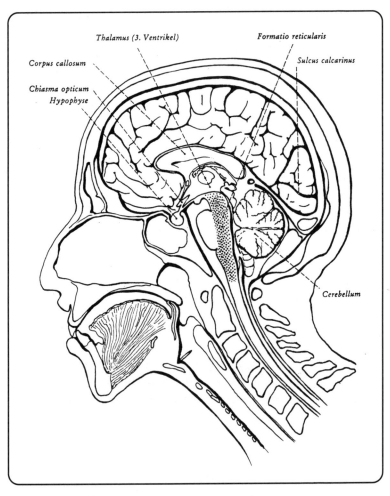

Abb. 13: Längsschnitt durch das Gehirn

176

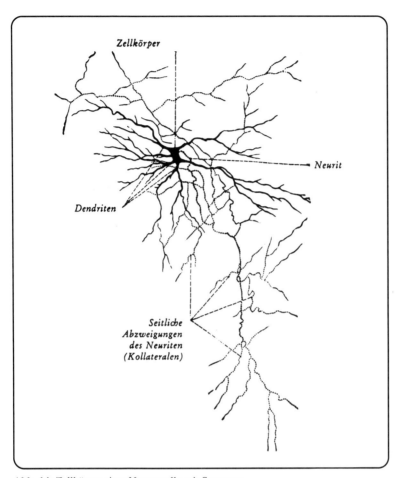

Abb. 14: Zellkörper einer Nervenzelle mit Synapsen

genden Handelns, das Gehirn der Abstraktionen und logischen Verknüpfungen, des Selbstbewußtseins und der Individualität.

Das Nervensystem

Wir wissen, daß das Gehirn aus einem komplizierten System von Zellen und Fasern besteht, die eng miteinander verbunden sind. Von jeder Zelle führen eine oder mehrere Fasern zu anderen Zellen.

Die Aufgabe der Fasern ist, Vorgänge weiterzuleiten und in Form von „Erregungen" in andere Zellen und Organe hineinzutragen. Dieser elektrisch-chemische Prozeß geht sehr schnell vor sich. Die Fasern legen pro Sekunde eine Strecke von 50 bis 80 m zurück, das ist eine Geschwindigkeit von 300 km/h.

Die Zellen mit ihren Fasern nennt man auch **Ganglienzellen.** Sie sind für das menschliche Auge unsichtbar, da ja das Gehirn aus zusammengepreßten Schichtungen besteht.

Nerven und Nervenbahnen vollbringen ständig Superleistungen, auch nachts. Da das Unterbewußtsein nicht schläft, sondern arbeitet, ist das Nervennetzwerk mit seinen elektrischen Impulsen immer tätig.

Frühere Wissenschaften behandelten nur zwei Nervensysteme, während man heute drei Systeme unterscheidet:

1. **Das motorische Nervensystem**
   steuert alle Muskeln und physiologischen Bewegungen.

2. **Das sensorische Nervensystem**
   übersetzt alle Sinneswahrnehmungen.

3. **Das vegetative Nervensystem**
   bestimmt Innenleben, Temperamente,
   Ausgeglichenheit, Extraversion usw.

Alle seelischen Vorgänge sind Lebensvorgänge. Diese sind an eine lebende Substanz gebunden. Diese Substanz ist die menschliche *Nervenzelle.*

Die anatomische Grundlage jeglichen Seelenlebens ist das Nervensystem!

Veranlagte und erworbene Fähigkeiten

Überwiegend mitgegebene Anlagen	Erworbene und entwickelte Fähigkeiten
1. Erbmasse	1. Menschenkenntnis
2. Intellekt	2. Erfahrungen $(p + n)$
3. Grundbedürfnisse	3. Intelligenz
4. Sexualität	4. Allgemeinwissen
5. Energien	5. Psychologische Fähigkeiten
6. Willenskräfte	6. Strategische Fähigkeiten
7. Instinkte	7. Gedächtnis
8. Phantasie	8. Rhetorisches Können
9. Sinne	9. Fachliches Wissen
10. Kontaktveranlagung	10. Mut
11. Triebe	11. Disziplin
12. Geltungsbedürfnis	12. Fairness
13. Komplexe, Ängste	13. Vernunft, Besonnenheit
14. Initiativtypus	14. Takt
15. Egoismus	15. Vorurteile
16. Optimismus	16. Ehrgeiz
17. Pessimismus	17. Organisationsfähigkeit
18. Gefühle – Emotionen	18. Hilfsbereitschaft
19. Ausgeglichenheit	19. Reife
20. Ehrlichkeit	20. Geduld
21. Ausdauer	21. Konzentrationsfähigkeit
22. Temperament	22. Umgangsformen
23. Gesundheit	23. Zuverlässigkeit
24. Dynamik	24. Ästhetik

Die Mentalität und der Charakter

Die Mentalität

Der Begriff stammt aus dem Lateinischen (mens = Geist, Erkenntnisreichtum oder Geistesprägung). Der „Mentor" ist an Hochschulen der geistige Erzieher. Eine Zusammenfassung von verschiedenen Auslegungen des Begriffes „Mentalität" ergäbe folgende Übersetzung:

Die geistig-seelische und typische Grundhaltung eines Menschen, einer Volksschicht, Volksgruppe oder eines Landes.

Die theoretischen Wissenschaften halten sich an die geistige Beschaffenheit. In der angewandten Psychologie werden die seelischen Funktionen mit einbezogen. Alle menschlichen Mentalitätsreaktionen sind allumfassend und schließen auch die *Anlagen* mit ein, die wiederum durch die Erbmasse (Genotypus) gegeben sind. Sie sind nie genau berechenbar.

Der Charakter

Der *Charakter* bezeichnet die typischen Verhaltensweisen eines Individuums. Man unterscheidet die einzelnen Charaktereigenschaften oder -züge nach dem Wesen, den Verhaltensweisen und der Leistung.

Der Charakter ist angeboren und erworben zugleich durch die Kindheitssphäre, Erziehung, Ausbildung, Berufseinflüsse und das Lebensmilieu. Eine klare Definition würde lauten:

> **Der Charakter besteht aus dem Mitgegebenen, Gewordenen und Werdenden zugleich!**

Jeder Charakter besteht aus stabilen und labilen Teilen, Stärken und Schwächen. Es gibt keinen absolut *guten* oder ganz *schlechten* Charakter. Kein Mensch ist so schlecht, daß er nichts taugt!

Charakterschwächen sind nicht *Fehler*. Menschen haben eigentlich keine Fehler, sie *machen* sie nur. Selbst das Gewissen wird nicht vom bewußten Ich gesteuert. Wer dürfte also einen anderen Charakter beurteilen, wenn er nichts vom eigenen weiß?

Intellekt und Intelligenz

Der Intellekt

Beim Menschen sind zwei Geistesarten zu unterscheiden:

- der Intellekt,
- die Intelligenz.

Die alten Griechen erkannten und die neuzeitlichen Psychologen bestätigten, daß der Intellekt eine dem Menschen mitgegebene Geistessubstanz ist. Sie ist ihm demnach durch die Erbmasse und den Stamm der Anlagen übertragen worden.

Wissenschaftliche Auffassungen und Schätzungen sagen aus, daß etwa ein Drittel der mitgegebenen Geistessubstanz von der zweiten bis fünften Generation stammt, ein weiteres Drittel von der direkten Erbmasse (Vater Mutter) und daß das letzte Drittel durch Geistestätigkeiten – je nach Beruf und Umwelt – selbst ausgebaut oder entwickelt werden kann.

Dies besagt, daß der Intellekt als urgeistige Grundhaltung eine anthropologische *Gabe* ist, aus der die individuellen Talente des Menschen resultieren. Damit ist erkennbar, daß intellektuelle Erkenntnisse und Eingebungen keine erworbenen „Fähigkeiten" sind.

Die Intelligenz

Sie verläuft beim *Denken,* Rechnen, Kombinieren, Assoziieren bewußt, ist also von der Bewußtseinsmachung abhängig.

Die Intelligenz ist nicht mitgegeben oder veranlagt, sondern sie wird *erworben.* Kein Mensch kommt „intelligent" auf die Welt. Diese erworbene Fähigkeit wird von der Begabung unterstützt, vervielfältigt oder blockiert.

Deshalb ist die Intelligenz eine geistige Fähigkeit, die man auch als „geschulte Klugheit" bezeichnen kann. Jemand wird intelligent genannt, wenn er schneller oder besser als andere denkt, schaltet, kombiniert oder reagiert.

Die Intelligenz benötigt nicht nur Strom (Konzentration), sondern auch Nahrung aus anderen Fähigkeiten wie:

- Wissen und Erfahrungen,
- Worte und Begriffe,
- Kombinationsfähigkeit,
- Schlagfertigkeit,
- Intuitionsvermögen,
- Phantasie,
- Wollen und Willen.

Jede menschliche Intelligenz muß verkümmern, wenn man sich nicht mehr darum kümmert. Viele Menschen sind deshalb denkfaul, weil das Denken und Konzentrieren unbequem ist.

Die Gewohnheiten und Denkmonotonien

Jeder Mensch verfällt in „Gewohnheiten". *Eine* Ursache dafür ist die Routinearbeit, in die man hineingleitet. Routine hilft nur dann nicht, wenn sie zur starren Routine wird. Jede Erstarrung legt den Geist lahm.

Gewohnheiten engen ein, hemmen, versklaven und blockieren. Sie wirken einer kreativen Entwicklung entgegen. Gewohnheiten machen dickfellig und starrköpfig. Sie führen sogar zur Stagnation.

Die Denkgewohnheiten sind die negativsten Gewohnheiten des Menschen. Sie führen zum Modell-, System- und Normdenken. Das kreative Denken – die höchste Fähigkeit des *schöpferischen* Denkens – erlahmt. Diese Erstarrungssymptome produzieren Kalk im Gehirn.

Das Denken darf nicht zur Gewohnheit werden. Das beste Gegenmittel ist das *laterale* Denken, also das kreative, vieldimensionale Denken, das dem *vertikalen,* starren Denken entgegensteht. Das vertikale Denken möchte unseren Gedanken gern „Ewigkeitswerte" verleihen. Es zementiert. Das laterale Denken erweitert den menschlichen Horizont.

Das logische Denken ist das Kopfdenken. Diese rationale Fähigkeit aber stoppt die schöpferischen, phantasiereichen Eingebungen, die man als das Herzdenken bezeichnen kann. Kreativitätstraining zum Beispiel hat das Ziel, das Kopfdenken zu blockieren und das logische Denken auszuschalten. Dies bedeutet:

Der Mensch braucht für seine Eingebungen sein Unterbewußtsein mit seinen Intuitionen, Gefühlen und Erfahrungen.

Also: Nicht die Gewohnheit zur Gewohnheit, sondern **Veränderungen** mit schöpferischem Denken zur Gewohnheit machen. Nicht versuchen, alles mit dem Kopf zu begreifen und zu schaffen, sondern seine *Gefühle* und Intuitionen belauschen. Oder ... mehr *in* sich hören und nicht nur auf seinen Kopf!

> *„Alles, was Gewohnheit wird, wird gewöhnlich.*
> *Was gewöhnlich wird, wird oft primitiv."*

Menschenkenntnis

Der Mensch entwickelt sich von seiner Geburt an. Am Anfang besteht er aus *Anlagen.* Diese sind mitgegeben durch die Erbmasse von Generationen. Sie bestimmen die Triebe, den Intellekt, die Neigungen, Intro- oder Extraversion, Sensibilität, Grundbedürfnisse und den Verhaltenstypus.

Nach diesen mitgegebenen Anlagen – auch nach der Früherziehung – *verhält* sich und reagiert der Mensch. Nach diesem Verhalten werden Menschen *beurteilt,* nicht nach den Ursachen. Doch Menschen können nichts dafür, daß sie gegenwärtig so sind, sprechen, agieren, reagieren, wie sie sind. Sie wissen nicht, *wie* sie wirken.

Es sind die *Wirkungen,* die Menschen erregen, erhitzen, verärgern und zu Urteilen oder Vorurteilen verleiten. Es kommt oft nicht darauf an, *was* einer dem anderen sagt, sondern *wie,* mit welchem Aussehen, welchen Augen, welcher Stimme und mit welchem Respekt er es sagt.

Um Menschen zu kennen, sie einzuschätzen, muß man sie *erkennen.* Das bedarf der „Bemühung" um den anderen, der Fairness, Ruhe, Neutralität, des Taktes und Anstands. Wird jemand ärgerlich oder aggressiv, so hat das Ursachen. Wie kann man Menschen beurteilen, ablehnen, die man gar nicht kennt?

Praktische und erfolgreiche **Menschenkenntnis** richtig angewandt ist, des anderen

- Mentalität,
- Verhaltenstypus,
- Grundbedürfnisse,
- Sehnsüchte,
- Temperament,
- Empfindsamkeit,
- Bildungsgrad,
- Herkunft,
- soziales Milieu,
- Selbsteinschätzung

– gut zu beobachten, mit Geduld zu suchen, zu erfühlen und zu ertasten,

– sich anzupassen, darauf einzustellen, vom eigenen Ich zu lösen, sich umzustellen,

– ihm zu geben, was er braucht, ihn zu behandeln, wie er es möchte, sich mit ihm zu einigen und ihn zu gewinnen.

Eine gute Menschenkenntnis ist die Krönung der Lebensreife, ein Baustein zum Lebenserfolg. Die „ersten Eindrücke" von Menschen taugen oft gar nichts. Wie kann man über Menschen nur nach eigenen Gefühlen urteilen? Wie sehen wir die Welt und Menschen, wenn die eigene „Selbsteinschätzung" falsch ist?

Der Mensch und seine Umwelt

Alle Lebewesen sind an ihre Umwelt gebunden. Besonders der Mensch mit seinen starken Entfaltungs- und Geltungstrieben ist enger an seine Umwelt gekettet, als er glaubt. Viele fühlen sich wohl dabei, andere nicht.

Die äußeren Einflüsse der Umwelt prägen den Menschen direkt erkennbar, indirekt oder manipulativ. Sie beeinflussen, diktieren und entscheiden oft über die gesamte Mentalität und die charakterliche Substanz des Menschen. Im Beruf, in der Gesellschaft wie auch in der Familie.

Jeder Mensch wird folglich von drei Lebenssphären erfaßt: der Privatsphäre, der Berufswelt, der Gesellschaft. Man weiß, daß politische Ideologien, Religionen, Militarismus und Sektentum die Menschen bis zur „Versklavung" führen können.

In der Berufssphäre muß ein Mensch, der zum Beispiel neu in ein Unternehmen kommt, sich sofort nach neuen Vorgesetzten, seinem Team, dem Klima und natürlich auch nach den neuen „Firmenphilosophien" richten. Diese resultieren aus den Verhaltensregeln, Gewohnheiten und Grundsätzen der Firmenleitung und auch aus alten Traditionen.

Oft stößt er an Mißtrauen, Skepsis und Distanzierung der neuen Kollegen oder der Umwelt, wodurch sich für ihn Unsicherheit und *Ängste* ergeben. Hat dieser Mensch (Mann oder Frau) noch besondere Vorzüge, dann stellen sich oftmals Neid und Eifersucht ein. Hieraus ergeben sich nicht selten geistige und seelische Konflikte.

Tragisch kann es werden, wenn es sich um eine Firma handelt, in der das Menschliche sekundär und *Technologien* primär eingestuft werden. In solchen Unternehmen gibt es weder einen „Paten", den man an die Seite des „Neuen" stellt, noch eine Strategie oder Checkliste für die „Einarbeitung eines neuen Mitarbeiters, beruflich und menschlich."

Die Umwelt mit der größten Bedeutung besteht aus **Menschen,** die uns umgeben. Selbst die individuellsten Menschentypen bleiben immer von Menschen *abhängig.* Wer das nicht weiß, wird selbstherrlich oder leidet an Selbstüberschätzung.

Ob Unternehmer, Führungskraft, Kollege, Lebenspartner oder Lehrling: Wer eine zu hohe Selbsteinschätzung hat und sich selbst überschätzt, der *unterschätzt* zwangsläufig alle anderen Menschen auf der Welt; er sieht nur sich richtig, andere falsch, denkt und fühlt egozentrisch und besitzt völlig falsche Lebensperspektiven.

Allein ist kein Mensch lebensfähig, denn alle unsere Lebenswege kreuzen sich mit denen anderer Menschen. Der menschliche Charakter sowie sein Temperament sind nie berechenbar. Er schwankt, neigt zu Explosionen, Demotivation und Ärger. Schon deshalb benötigt jeder Mensch andere Menschen, Meinungen, Erfahrungen zur Orientierung, zum Vergleich, für seine eigene Sicherheit. *Eine* Meinung ist immer sehr einsam.

Es hat oft böse Folgen, wenn Kooperationen durch Ärger oder Wut gestört werden. Für eine gute Kommunikation – auch in der Privatsphäre – ist Selbstbeherrschung eine imponierende Fähigkeit. Denn Ärger ist Energieverschwendung und damit Selbstbeschädigung!

Der Mensch vergißt oft, daß er von seiner Umwelt auch Hilfen, Antriebe, Motivationen und Anerkennung bekommen kann. Also *braucht* er Menschen.

Isolierung führt zu Einsamkeit, Hilflosigkeit und Armut. Allein leben zu wollen ist Dummheit, macht krank.

Überall können Menschen in unserer Umwelt auch Chancen bieten. Hinter vielen Menschen verbergen sich gute Chancen. Chancen aber brauchen Menschen, und Menschen brauchen Chancen. Das gilt auch für Ideen. Es gibt keinen Aufstieg ohne Menschen und Chancen.

Wer gern nach oben an die Spitze möchte, muß sich mit intensiver Bemühung an die Spitze „verkaufen". Wer Karriere machen möchte, muß sich auf den Weg machen. Von nichts kommt nichts, gar nichts. An die Spitze zu kommen ist schwer, sie zu halten noch schwerer.

Überall umgeben uns Menschen mit Bedeutung für unsere Zukunft. Wer aber nur nach Sympathie und Antipathie geht, läßt wertvolle Menschen einfach links liegen, die ihm auf *Anhieb* nicht sympathisch sind. Das ist meistens „optische Täuschung". Erste Eindrücke taugen oft nichts.

Es gibt nichts Schlimmeres als „satte Zufriedenheit" oder die Auffassung „mir reicht's, ich bin doch wer, die anderen sollen zu mir kommen". Dieser innere *Gleichmut* ist nicht nur falsch, sondern auch dumm. Darf ich dazu anraten:

> *„Sei nett zu den Leuten,*
> *die du beim Aufstieg triffst,*
> *du könntest ihnen beim Abstieg*
> *wieder begegnen!"*

Niemand gewinnt Menschen mit Mißtrauen und Vorurteilen. Diese führen nur zu negativen Grundhaltungen oder Skepsis. Kritische und feindselige Skepsis jedoch ist schon der „Abstieg in feindliche Zweifel". Außerdem kann man niemanden verurteilen, den man gar nicht kennt!

Wer mit dem Leben nicht zurecht kommt, kommt mit den Menschen nicht zurecht. Wärme zwischen Menschen ist besser als Kälte, doch dazu braucht es gute und positive *Gefühle*. Ohne gute Gefühle kann man keinem Menschen etwas Gutes antun.

Lächeln wir ein bißchen mehr, seien wir freundlich zu unserer Umwelt. Wer weiß, wann wir sie einmal brauchen. Nichts zwischen Menschen ist schlimmer als Kälte. Führungskräfte, die

188

den Frohsinn verloren haben und nicht mehr lächeln können, haben in der Menschenführung nichts zu suchen. Niemand erhält Freundlichkeit, ohne selbst Freundlichkeit zu verschenken. Auch kämpfen kann man freundlich, nach dem Leitsatz:

> *„Wer seine Gegner umarmt,*
> *macht sie bewegungsunfähig!"*

Es gibt Menschen – auch in einer Partnerschaft –, die von einem guten Kompliment ein halbes Jahr lang leben müssen. Was aber nicht in der Seele ist, kann nie von der Seele kommen. Würden Menschen sich besser kennenlernen, dann würde viel Ungutes in einem Unternehmen gar nicht passieren!

Eine freundliche Frage habe ich an dieser Stelle noch an Sie: „Haben Sie heute schon wenigstens zweimal zauberhaft gelächelt"?

Die nachfolgenden Leitsätze sollen Ihnen als Orientierungs- und Erfolgswegweiser weiterhelfen.

Leitsätze zur positiveren Lebensführung

1. Jede Woche, jeder Tag, jede Stunde kann die Einleitung einer neuen, herrlichen Erfolgsepoche sein. Aber nicht ohne die menschliche Umwelt.

2. Erfolge sind immer eine Kette von Menschen, Lernprozessen, Ideen und Antrieben.

3. Erst wenn man selbst *glücklich* ist, kann man seine Umwelt glücklich machen.

4. Mit reiner Sachlichkeit, ernsten Gesichtern und trockener Sprache kann ein Chef niemanden *begeistern*.

5. Was man an Menschen nicht verbessern kann, muß man eben *bewältigen*.

6. Der Weg zu anderen ... beginnt bei sich selbst.

7. Man kann alle menschlichen Meinungen, Auffassungen, Urteile wenigstens *tolerieren und respektieren,* auch ohne sie zu akzeptieren.

8. In Hochzeiten der Technologien wird es immer wichtiger, *freundlicher* zu sein.

9. Es ist schrecklich, wenn man ohne Worte und nur mit dem Gesicht beleidigt wird.

10. *Vorurteile* sind meist die Schizophrenie der menschlichen Phantasie.

11. Das *Nichts* wird nie beneidet; deshalb ist Neid eine Belohnung. Neid ist besser als Mitleid.

12. Viele werden deshalb schlecht, weil es ihnen zu gut geht oder weil sie die Wahrheit scheuen.

13. Wer die Alten herabsetzt oder belächelt, greift seine eigene Zukunft an.

Die Begegnung mit dem eigenen Ich

Sie ist die interessanteste Begegnung im Leben – nicht etwa die Begegnung mit anderen. Warum?

> *„Es ist leichter, zehn Schwächen oder Mängel an anderen zu finden als einen an sich selbst!"*

Die meisten Menschen sind triebhaft, leben und *suchen* nach außen. Menschen in Führungs- oder Kontaktberufen schauen immer auf andere, befinden über andere. Sie leben extrovertiert, kommen nicht mehr zu sich selbst und wissen wenig von sich.

Stellen Sie sich folgende Fragen, die Sie am besten schriftlich beantworten:

Fragen zur Selbstfindung

1. Wie stark ist meine Persönlichkeitsausstrahlung?

2. Wie beurteile ich meine Selbsteinschätzung?

3. Reicht mein Mut zum Aufstieg aus?

4. Wovor habe ich Angst?

5. Verurteile ich Menschen, die ich gar nicht kenne?

6. Wie sieht es mit meiner Fairness bei Konflikten aus?

7. Wie gut ist meine Menschenkenntnis?

8. Wie ist mein Beliebtheitsgrad?

9. Was wird bei mir häufiger kritisiert?

10. Wie reagiere ich bei Kritiken?

11. Bin ich erfüllt und glücklich?

12. Wie gut ist meine Kompromißbereitschaft?

13. Worin bin ich als Mensch ein Vorbild?

14. Kann ich mich gut genug verkaufen?

15. Worin müßte ich mich dringend weiterbilden?

16. Habe ich Gegner oder Feinde, wo?

Die drei Wirkungswelten

In der nachfolgenden Grafik ist erkennbar, daß wir nicht nur in der Gegenwart, sondern auch mit der Vergangenheit und in die Zukunft hinein leben. Alle äußeren Einflüsse der Umwelt treffen demnach nicht nur unsere Gegenwart, sondern auch die Vergangenheit, mit allen Entwicklungsphasen, der Kindheitssphäre und unseren Erlebnissen.

In dem Moment, wo wir geboren wurden, lebten wir ausschließlich von der **Erbmasse.** Sofort kamen wir in die erzieherische Obhut, nahmen die Umwelt auf durch Stimmen, Freundlichkeiten, Berührungen, Gerüche und lebten bis zur zweiten Kindheitssphäre überwiegend in der Obhut der Eltern.

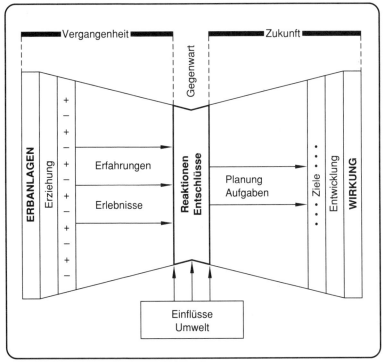

Abb. 15: Die drei Wirkungswelten

193

Bis dahin sammelten wir täglich positive und negative Erfahrungen durch Erlebnisse. Jeder Mensch hat seine Erfahrungs- und Erlebnisschicht, wie die Grafik zeigt.

Durch Eigeninitiative oder Lernprozesse gestalten wir unsere *Zukunft* mit Aufgaben, Planungen, neuen Erkenntnissen und Zielsetzungen. Ohne Ziele gibt es keine Zielstrebigkeit, und ohne Lernen gibt es kein menschliches Wachstum mehr; nur die Einbildung, Routine und Jahre nehmen zu.

Durch Wachstum und neues Wissen kommt es zu einer neuen Denk- und Persönlichkeitsschicht für weitere **Entwicklungen.** Doch alle Lernprozesse und schulischen Aktivitäten, zusammen mit neuen Lebenserkenntnissen, sollen am Ende zu neuer **Wirkung,** neuer Sicherheit und Überlegenheit führen.

Das alte **Ich** aus der Vergangenheit kann ein wunderbarer Helfer für die Entwicklung sein, aber auch ein Bremsklotz. Prüfen Sie künftig bei Ihren Entscheidungen das Ausmaß und die Stärke Ihres **Wollens.** Alles fängt beim Wollen an!

Menschliche Triebe und Grundbedürfnisse

In allen drei Lebenssphären – Berufs-, Privat- und Gesellschaftskreis – will und braucht der Mensch Erfolg. In jedem Menschen stecken *Triebe,* um seine inneren, alten und neuen Sehnsüchte zu befriedigen. Die primären Bedürfnisse des Menschen sind:

- Selbstbestätigung,
- Anerkennung,
- Beliebtheit,
- Sicherheit,
- Ansehen,
- Einfluß,
- Geld,
- Erfolg.

Die *Triebe* sind jene Kräfte, die uns zur Befriedigung von Sehnsüchten motivieren. „Vitale Triebe" treten ohne Mitwirkung des Bewußtseins auf. Ein Trieb verlangt immer nach Befriedigung, sonst stellen sich Unzufriedenheit, Unruhe, Lustlosigkeit, Pessimismus oder Neid ein.

Ein Trieb ist erkennbar, wenn sich ein *treibender* Gefühlszustand einstellt. Dann kommt es zu einer Spannung. Der Mensch braucht diese Spannung, sonst hat er keine Antriebskraft. Bei den Trieben lassen sich folgende Hauptgruppen unterscheiden:

1. Vitale Triebe
- Hunger,
- Schlaf,
- Liebe,
- Zärtlichkeit,
- Genüsse,
- Erhaltungstrieb,
- Anerkennung.

2. Funktionstriebe
- Bewegungslust,
- körperliche Aktivität.

3. Soziale Triebe
- Egoismus,
- Sadismus,
- Rache,
- Habgier.

4. Wirkungstriebe
- Neugierde,
- Lernbegierde,
- Strebsamkeit,
- Ehrgeiz,
- Wirkungslust,
- Zukunftsbewußtsein.

In der angewandten Psychologie unterscheidet man zwischen gesunden, egoistischen, radikalen, niedrigen und kranken Trieben. Selbst *niedrige* Triebe sind in jedem Menschen vorhanden. Man denke an Haß, Eifersucht, Rücksichtslosigkeit, Sarkasmus und Mord.

Emotionen und Gefühle

Vieles im psychischen Leben äußert sich in Gefühlen (Freude, Trauer, Abneigung). Gefühlszustände können bewußt werden, doch unerklärlich sein. Leider vermag das **Ich** nicht nach Wunsch beliebige Gefühle zu produzieren **(Liebe)**.

Heftige Gefühle dürfen nicht zu lange andauern, sonst werden sie quälend. Im *Affekt* führen aufbrechende Gefühle (Angst, Verzweiflung und Haß) zu Handlungen ohne Überlegung und Absicht. Sie stellen eine „Kurzschlußhandlung" dar. Im Affekt hat der Mensch nicht Zorn, sondern der Zorn hat ihn.

Gefühle sind oft als Empfindungen spürbar. Diese treffen nicht immer zu, denn Gefühle sind eine „subjektive" Stellungnahme zur Umwelt und erzeugen eine *Stimmung* mit einer positiven oder negativen seelischen Atmosphäre. Diese kann kurz oder lang anhalten.

Positive Einflüsse (Lob, Genuß, Befriedigung) schaffen helle Stimmungen, negative Einflüsse (Trauer, Angst usw.) bedrücken jede Stimmung. Gelegentlich sind Stimmungen unerklärlich. Dies kann die Wirkung von Hormonen sein.

Eine gewisse Stimmung beeinflußt oft entscheidend die Gesamtverfassung und manipuliert die Grundhaltung.

In Führungs-, Beeinflussungs- und Kontaktberufen benötigt der Mensch offene und starke *Gefühle,* da jeder „Überzeugungsversuch" eine „Eigenüberzeugung" braucht. Rein fachlich-technisches Vortragen hat keine Seelenkraft. Ein ernster und trockener Referent sieht schlecht aus und ermüdet.

Einige Lebensweisheiten zum Nachdenken

1. Ohne Gefühle kann man den
   Menschen nichts Gutes tun!

2. Wer seine Gefühle versteckt,
   versteckt das Schönste und Stärkste, das er hat!

3. Wer nicht *lächeln* kann,
   kann keine Sympathien erringen!

4. „Beliebtheit" war noch nie auf Geist aufgebaut!

5. Es ist nicht schwer, herrliche Gefühle
   auch in Worte zu kleiden!

6. Ohne Emotionen gibt es kein *Leben!*

Physiognomie und Seelenspiegelung

Der „Gesichtsausdruck" ist beim Menschen vielfältig, da er viele Gesichter hat. Jeder Ausdruck – Vertrauen, Freude, Angst, Mißtrauen, Abwehr – ist eine Spiegelung von seelischen Funktionen. Wir wissen meist nicht, wieviel andere an uns erkennen. Menschen sind normalerweise schlechte Schauspieler.

Allgemeine Merkmale des mimischen Verhaltens und seine wahrscheinlichen **Ursachen:**

Ausdruckserscheinungen/Innere Reaktion

Offener, geöffneter Mund	Staunen, Bewunderung
Große Augen	Erwartung, Schreck, Spannung
Übergroße Augen	Aggressivität, Leidenschaft
Halbgeschlossene Augen	Mißtrauen, Interesselosigkeit
Ausweichende Augen	Verlegenheit, schlechtes Gewissen
Flackernde Lidschläge	Unsicherheit, Peinlichkeit
Direkter Augenkontakt	Seelischer Kontakt
Unbewegtes Gesicht	Seelische Kälte, Antipathie, Abwehr
Geblähte Nase	Erwartung, Begierde
Faltenreiche Stirn	Konzentration, Zweifel
Kopf aufstützen	Abwehr, Abschirmung
Gesenkte Mundwinkel	Bitterreaktionen, Trauer
Aufeinandergepreßte Lippen	Spannung, Entschlossenheit
Verkniffener Mund	Abweisung, Ironie
Mahlende Kiefer	Abwehr, Ärger, Hochspannung
Vorgeschobener Unterkiefer	Jähzorn, Brutalität
Lecken der Lippen	Genuß, Tastsinn
Lächeln	Vertrauen, Sympathie
Lautes Lachen	Künstlichkeit
Künstliches Lächeln	Formsache
Das offene Lachen	Befreiung, Freude
Abdrehung des Kopfes	Hemmungen
Auf Lippen beißen	Überraschung, Ärger
Kopfnicken	Bestätigung, Mitgefühl

Psychologie der Vorurteile

Vorurteile sind unter den Menschen verbreitet wie Zahlungsmittel. Man nennt sie auch „seelische Seuchen", weil sie die Menschen überwiegend *negativ* beeinflussen.

Vorurteile sind eine Naturanlage. Schon die Annahme, keine Vorurteile zu haben, ist das größte Vorurteil.

Es ist zu unterscheiden zwischen

* Früh- oder Vorausurteilen (instinktiv)
* Erzieherischen Urteilen (Kindheit)
* Umwelturteilen (Medien – Familie)
* Glaubensurteilen (Politik – Religion).

Der Mensch ist sich meist nicht klar darüber, *woher* seine Entscheidungen kommen. Er glaubt und sagt sogar, daß er *objektiv* urteilt. Dabei sind alle „menschlichen" Urteile 100 % subjektiv.

Schon in früher Kindheit entstehen eingebaute *Frühurteile* (also Vorurteile) durch schreckliche Negativverlebnisse und wunderbare Positiverlebnisse. Eltern, Lehrer und Freunde haben daran ihren Anteil. Kinder werden oft richtig, oft leider auch falsch erzogen.

Vorurteile sorgen für innere Steuerungen und Fehlsteuerungen. Bei positiven Steuerungen sind sie Stabilisatoren gegen Unsicherheit, Selbstbehauptung oder Blamagen. Sie dienen auch als „Ersatzprodukt" für das *Unwissen*.

Vorurteile sind äußerst widerstandsfähig. Wer bei Meinungsverschiedenheiten aggressiv wird, der bewirkt *Konfrontation*. Das Vorurteil dient der Verurteilung oder Abwehr und schafft den Konflikt.

Vorurteile sind nicht logisch. Gruppen, Familien, Parteien usw. haben oft gemeinsame Vorurteile. Es werden Personen und Sachverhalte mit Vorurteilen belegt, die man gar nicht kennt.

Mißtrauen ist...

1. Defektes Vertrauen.

2. Kalte Abwehr.

3. Der Abstieg in feindliche Zweifel.

4. Ein Produkt niedriger Gedanken.

5. Eine stille Kriegserklärung.

6. Ein Todesurteil für die Fairness.

Schwierige Menschentypen

Wer Menschen miteinander vergleicht, muß wissen, daß alle Menschen *verschieden* sind.

Es gibt helle, freundliche, offene, faire, feine, ruhige, gebildete, kritische, mißtrauische, weiche und empfindsame Menschentypen, je nach Erbmasse, Erziehung, Milieu, Ausbildung, Umwelt, Gesundheit und Zufriedenheit.

Niemand kann es *allen* Menschen recht machen, weil man in Charaktere nicht hineinsehen kann. Doch bei vielen dürfte man das auch nicht. Die *Kunst* ist, sich den schwierigen Menschen anzupassen, sich einzufühlen und sich nicht verwirren oder gar verärgern zu lassen.

Je überlegener, sicherer und selbstbewußter ein Verhandlungspartner auftritt, desto stärker muß ein Berater auftreten, um nicht erdrückt zu werden. Wahrscheinlich ist *jeder* Mensch zu gewinnen, doch braucht es dazu Menschenkenntnis, Geduld, Beobachtungsgabe und Selbstbeherrschung. Aus der *Ruhe* kommt immer die Kraft!

Empfehlungen für schwierige Menschen:

1. Rücksicht auf die Mentalität nehmen.

2. Nicht ärgern, höchstens wundern.

3. Niemanden verurteilen, den man nicht kennt.

4. Debatten vermeiden.

5. Bei Aggressionen beherrschen.

6. Explosive Typen beruhigen.

7. Auf Verfassung achten.

8. Anerkennen und belobigen.

9. Um Rat bitten.

10. Zum Essen einladen.

11. Familie oder Hobby berühren.

12. Mit Unterlagen beschäftigen.

*„Man kann niemanden erwärmen,
wenn man selbst kalt bleibt!"*

Die Phantasie und Einbildungskraft

Die menschliche *Phantasie* ist ein kreatives Instrument, obwohl sie keine logische Fähigkeit besitzt. Doch ist sie ein wichtiger Baustein beim Denken, weil sie die Assoziationen ankurbelt.

Phantasiearbeit ist das Fühlen, Intuieren, Kombinieren – ohne klare Begriffe –, wodurch die *Intuitionen* bzw. Eingebungen entstehen.

Phantasiebegabte Menschen kennen den Nutzen ihrer Phantasie. Sie macht beweglich, lenkt mit ihrem Spürsinn und läßt kreatives Denken zu. Sie stabilisiert gegen die Unsicherheit und bringt oft mehrere Lösungen für ein Problem.

Die Phantasie ist auch ein Motor für die Wortschatzaktivierung. Sie sucht und findet Worte und Ausdrucksformen für *Ideen*. Sie verhilft dem Verstand zur Fähigkeit, Dinge zu manipulieren oder umzudenken.

Dort, wo die Phantasie ruht, bewegt sich kein Geist mehr. Dort, wo der Geist versagt, kann man sich gelegentlich mit Phantasie behelfen.

Die Phantasiegebilde sind Spiele mit unterbewußten Illusionen, die zu Gedanken und Vorstellungen führen.

Jede geistige Leistung braucht *Spannung* und Gefälle zwischen Erwartung und Erfüllung. Dabei ist die Phantasie ein guter Helfer.

Die Phantasie assistiert nicht nur bei den Eingebungen, sondern sie produziert noch eine andere ungeheure „Kraftquelle", und zwar die menschliche *Einbildungskraft* mit allen positiven, aufbauenden wie auch negativen, zerstörenden Konsequenzen. Sie kann Hoffnung, Glaube, Mut geben oder sorgt dafür, daß sich Ängste, Resignation, Feigheit oder Zweifel durchsetzen.

Die Einbildungskraft ist eine innere, charakterliche Substanz mit Kräften, Säften und Energien, die beim Menschen fast *Unmögliches* fertigbringen, oder Menschen erliegen ihrer negativen Manipulation und stürzen ab.

Wer nicht mehr an sich selbst glaubt, hat überhaupt keinen Glauben mehr. Der *Zweifel* an sich selbst baut sofort Kräfte ab. Kein Mensch kann mehr, als er sich zutraut!

Ängste

Angst ist eine Seelenfurcht, die sich von innen nach außen trägt. Es gibt verschiedene Arten und Ausmaße von Angst, mit verschiedenen Belastungsgraden. Deshalb ist es schwer, sie in den Griff zu bekommen.

Angst – als Gefühl und Empfindung oft spürbar – tritt periodisch oder als Dauerzustand auf. Sie schafft große Sicherheitsbedürfnisse.

Die Angst ist empfindlich und verwundbar. Sie kann sich zum krankhaften und sensitiven Ausmaß steigern. Dann blockiert und beeinflußt sie alle Tätigkeiten und Reaktionen des Menschen.

Angst ist ein Bestandteil der menschlichen *Natur*. Wir müssen mit ihr leben und leiden. Sie kann narkotisieren, aber auch mobilisieren. Sie kann also negativ und positiv wirken.

Ihre Ursachen sind bewußter oder unbewußter Natur. Diese können sehr alt sein bzw. ihren Ursprung in der Kindheit haben. Viele Ängste wurden schon in der Kindheit/Jugend durch falsche *Erziehung* in unserem Wesen verankert. Es war auch schon immer so, daß Menschen sich gegenseitig Angst machten und man uns als Kinder schon das Fürchten lehrte.

Angst wird oft verdrängt, wodurch Vorurteile – neben der unterbewußten Belastung – geboren werden. Dadurch wird das menschliche *Gleichgewicht* gestört.

Angst produziert schlechte Gefühle und Mißtrauen. Wer sich schlecht fühlt, sieht schlecht aus. Wer schlecht aussieht, zeigt innere Belastungen.

Die menschliche Angst kann vom Menschen selbst bekämpft werden. Allerdings nur mit starker und suggestiver Vorsatzbildung und energischem Willen. Der Erfolg hängt von den vorhandenen Energien ab.

Haben wir *keine* Angst vor der Angst und nehmen wir sie als etwas Natürliches an. Jeder gesunde Mensch hat sie. Treten wir ihr mit Glaube, Hoffnung, Zuversicht – also mit einem gesunden Optimismus und starkem Selbstbewußtsein – gegenüber.

Sensibilität und Sensitivität

Die *Sensibilität* ist eine nervliche und physiologische „Empfindsamkeit", die durch innere Elektrizität in der Regel zu einer Störung der Wesensart führt. Die normale Empfindsamkeit des Menschen ist natürlich, also von der Natur mitgegeben. Sie wird durch Schreck, Ärger, Belastung, Überbelastung und vor allem durch Aggression erkennbar. Doch jeder Mensch reagiert verschieden bei Angriffen auf sein Ich.

Die Empfindsamkeit eines Menschen funktioniert triebhaft unbewußt, also instinktiv oder intuitiv. Kein Mensch *weiß* – von Ausnahmen abgesehen –, wie sensibel er reagiert, kein Mensch *will* sensibel reagieren und sich zum Gespött der anderen machen.

Die Empfindsamkeit ist eine veranlagte „Feinnervigkeit", die an eine sensible Gewissenhaftigkeit gekoppelt ist und nicht selten einen egoistischen Zug besitzt.

Die normale und natürliche Empfindsamkeit ist gesund und hilfreich. Die übersteigerte Form jedoch ist eine allergische bzw. krankhafte Empfindsamkeit, die man in der Psychologie als *Sensitivität* bezeichnet.

Sie reagiert stark auf feinste äußere Reize und Störungen. Sie ist entweder *veranlagt* oder mitgegeben oder entstand durch Schock, Krankheit oder Lebenskatastrophen. Hier findet man auch den Ursprung krankhafter *Komplexe*.

Wenn Menschen stark sensibel reagieren, so sind dies – nach dem Psychotherapeuten Sigmund Freud – Anzeichen von hohen *Begabungen*. Immer zeigen aber die Sensibilität wie auch die Sensitivität eine innere charakterliche Auseinandersetzung an.

Es ist unfair und dumm, Menschen wegen stark sensiblen oder sensitiven Reaktionen anzugreifen. Sie können nichts dafür, daß sie so reagieren.

Die normale Sensibilität ist somit nichts Negatives, eher etwas Positives. Sie ist oft wie ein Fieber spürbar und fördert auch die Intuitionen. Menschen ohne Sensibilität sind gleichmütiger, nicht so schnell reizbar, oft stoisch, aber immer stärker belastbar. Die hohe Feinnervigkeit unterstützt in starkem Maße die künstlerischen Anlagen im Menschen.

Die Willenskräfte und die psychische Energie

Jeder Mensch hat seelische Kräfte. Wird Energie benötigt (wie beim Denken), so wird sie aus *seelischen* Bereichen gezogen. Doch es gibt im Seelenleben ausgleichende Instanzen, damit solche Entzüge keinen Schaden anrichten. Trainer, Führungskräfte und Verkäufer z.B. benötigen laufend einen hohen Energieaufwand für ihre Überzeugungskraft.

Seelische Energie ist auch die „Willenskraft" des Menschen. Sie ist eine bewußtgerichtete Energie. Der bewußte Wille befreit den Menschen von blinden Reflex- oder Triebhandlungen. Das **Wollen** jedoch gibt dem *Willen* eine bestimmte Richtung, nachdem es ihn gezündet hat.

Bei der Willensdurchsetzung sucht man gern Ausreden und Auswege, um die Anstrengung zu vermeiden. Menschen mit *schmalem* Bewußtsein sind willensschwach. Handlungen „gegen den eigenen Willen" vollbringen zu müssen, kostet die vielfachen Kräfte und führt dann zu inneren Konflikten. Auch das „Spiel zur Schau" oder Schauspiel bedarf eines hohen Kraftaufwandes.

Viele Menschen besitzen schwache Willenskräfte. Demotivationen, mangelnde Selbstverwirklichung, Erfolglosigkeit, Pessimismus usw. können die Ursachen sein. Diese Menschen mit wenig Ehrgeiz brauchen Antriebe, Motivationen, Ziele und Hilfen. Doch auch satte Zufriedenheit und Selbstüberschätzung sind *Gegner* der Mobilisierung von Reserven, Reaktivierung von Willenskräften und psychischen Energiequellen.

Jeder Mensch schreitet in seinem Leben weiter. Manche schreiten, kommen aber wenig voran. Das positive Fortschreiten nennt man „Progression", das negative wird als „Regression" bezeichnet. Regression ist, wenn man sich in Erinnerungen einnistet, in Pessimismus absteigt oder von *vergangenen* Erfolgen träumt und lebt.

Jedes menschliche Individuum hat gewaltige geistige und seelische Reserven. Nur ein kleiner Teil davon wird genutzt, da der Mensch in Beruf und Leben durch seine Routine in einen gleichförmigen „Mechanismus" verfällt. Er sucht die Bequemlichkeit, weicht dem schöpferischen Leistungsdruck gern aus und flieht in ein geistiges oder tägliches Schema.

Die Vernunft

Die menschliche *Vernunft* mit ihrer überlegenen Wirkung ist ein Produkt der menschlichen Reife. Die Reife ist eine „Krönung der Menschenkenntnis", die ein Produkt der menschlichen Erfahrung ist.

Es gibt zwei Arten von Erfahrungen, die positiven und die negativen. Die Negativerfahrungen mit Enttäuschungen, Rückschlägen und Mißerfolgen sind psychologisch ebenso wichtig wie die positiven. Der Mensch muß Lehren aus seinem Leben ziehen, welche zur *Besonnenheit* und Einschaltung der Vernunft zwingen können.

Der Vernunft größter Feind ist die menschliche „Selbstüberschätzung". Wer sich selbst überschätzt, lebt mit falschen Perspektiven, sieht die Welt und die Menschen falsch, sieht sich selbst groß und unterschätzt alle anderen Personen seiner Umwelt.

Die Vernunft ist weniger veranlagt und mitgegeben als durch die Entwicklung und Konfrontation mit Problemen und Menschen *erworben*. Kein Mensch kommt „vernünftig" auf die Welt. Somit ist die Vernunft eine Fähigkeit, die vom Intellekt noch unterstützt werden kann.

Die Vernunft kann als „Kollektivfähigkeit" gesehen werden, da während einer „vernünftigen" Reaktion folgende Fähigkeiten im Wechselspiel mitwirken:

• Anstand,
• Fairness,

- Objektivität,
- Neutralität,
- Einfühlungsvermögen,
- Verständnis,
- Takt,
- Menschenkenntnis.

Die Vernunft befindet sich oft im Wettstreit mit der Triebhaftigkeit und dem *Egoismus*. Diese siegen dann über die Vernunft, wenn die Empfindungen durch eine verkehrte Selbsteinschätzung versagen. Erfolgt beim Menschen eine „Bewußtseinsmachung" der Vernunft, so wird der Wille für die Vernunft mobilisiert, und sie setzt sich durch.

Die Vernunft ist eine begehrte und geschätzte Fähigkeit. Sie ist auch der Kommandeur für die menschliche Kompromißbereitschaft, Großzügigkeit, Fairness und Rücksichtnahme. Sie bewahrt den Menschen vor Schaden. Sie ist ein erstklassiger Einkäufer für Sympathien!

Vertreibung von Negativverfassungen und Tiefs

1. Ursachen des Tiefs suchen
2. Beste Freunde um Rat bitten
3. Positives Denken mit Selbstbeeinflussung einschalten
4. An bisherige Erfolge denken
5. Mit Einbildungskraft Problem reduzieren
6. Täglich zwei oder drei Selbstgespräche führen
7. Frohe Sinne einschalten – singen
8. Im Ärger abschalten, wenig reden
9. Heikle Probleme überschlafen
10. Gesundheitszustand überprüfen lassen
11. Mehr und länger schlafen
12. Morgengymnastik betreiben
13. Musik machen oder hören
14. Ins Kino gehen, tanzen
15. Freunde einladen
16. Spazieren, Fahrrad fahren, wandern
17. Schwimmen, Sport
18. Im Wald Natur beobachten
19. Weniger essen
20. Keinen Alkohol
21. Basteln
22. Mit Kindern Spiele machen
23. Gedichte schreiben
24. Glückliche Menschen beobachten
25. Fremdsprache lernen (Vokabeln)

Das Bewußtsein

Unter „Bewußtsein" versteht man das, was der Mensch in seinem wachen Dasein erlebt, wie z.B. Wahrnehmungen, Vorstellungen, Gedanken, Absichten.

Der Verlauf vom Unbewußten zum Bewußten ist also: Bewußt werden – bewußt sein – Bewußtheit. Das Bewußtsein nimmt wahr, was ihm die Sinnesorgane zutragen oder was über Intuitionen vom Unbewußten durch Triebe, Instinkte, Ängste, Sehnsüchte usw. in das Bewußtsein nach oben geleitet wird.

Das Bewußtsein vergleicht, zeichnet und ordnet. Seine Energie ist der *Wille*. Zu den wichtigsten Aufgaben des Bewußtseins gehört das *Denken*. Es ist mit der Sprache gekoppelt und verbunden. Begriffe mit Wortinhalten sind für das Leben des Bewußtseins erforderlich.

Wenn wir denken – wie beim Lernen – erhalten wir Informationen, Signale oder Kommandos. Wir ziehen *Vergleiche,* um beurteilen und entscheiden zu können. Positive und negative Erfahrungen werden dabei mit voller Konzentration eingeschaltet. Alles das geschieht mit klarem Bewußtsein.

Gefühle, Antipathien, Sympathien – auch Vorurteile – können durch Eingebungen vom Unterbewußtsein das Oberflächenbewußtsein wie auch Denkergebnisse manipulieren und beeinflussen. Auch gute oder mangelhafte Menschenkenntnis und die Art der Kommunikation beeinflussen subjektive Entscheidungen.

Eingebungen und Emotionen, die in das Bewußtsein hineinreichen, können teuflische Verführer für unsere Entscheidungen, Handlungen, Aktionen, Reaktionen sein, wenn man als Mensch *seelisch* nicht in Ordnung ist. Dann hört, fühlt, sieht und denkt man *falsch*.

Die „Bewußtseinsmachung" unserer Wirkungen ist wichtig, denn alles, was man *bewußt* tut, ist unter Kontrolle und strahlt die vielfache Sicherheit aus. Alles, was man unbewußt, instinktiv tut, macht man nur halb so gut, wie man es tun könnte. Auch weiß man dann nicht, was man tut.

Das Bewußtsein geht beim Menschen nachts in Ruhestellung (Schlaf). Das *Unterbewußte* bzw. die riesige Welt des *Unbewußten* lebt immer. Alles, was am Tag nicht verarbeitet werden kann, wird verdrängt und in den Schlaf transportiert. Probleme und Belastungen bleiben jedoch am Leben, bis sie gelöst worden sind.

Die drei Bewußtseinssphären

Abkürzungen

WK = Wesenskern.

Triebe = Geschlechtstriebe,
Geltungstriebe,
Bedürfnistriebe usw.

Instinkte = Unbewußte Signale,
Warnsignale aus der Tiefe,
Reflexe.

Ängste = Platzängste,
Seelenängste,
Leistungsängste usw.

Hemmungen = Gegenzughemmungen,
Reibungshemmungen,
Lampenfieber,
Seelenblockaden.

Informationen

Alles, was von der Außenwelt kommt, wird von den drei Bewußtseinssphären verarbeitet. Sinnesfunktionen sorgen als Antennen für die Aufnahme von Leben und von Ereignissen der Außenwelt. Die Denk- und Verstandesfunktionen schalten sich als Reaktion mit den früheren Erfahrungen ein. Sie ordnen, vergleichen, kombinieren und urteilen.

Die Willensfunktionen mobilisieren die Energien. Ohne Wollen kann kein Wille eingeschaltet werden. Doch die Stärke des Willens ist von den menschlichen Energiequellen abhängig.

Die Intuitionen sorgen für Eingebungen. Emotionen und Gefühlsfunktionen befühlen, bewerten und bilden Sympathien und Antipathien. Etwa 70 bis 80 % aller Aktionen, Reaktionen und Handlungen werden gefühls- und geschmackmäßig bestimmt.

Die Phantasie sorgt für Vorstellungen, positive und negative. Die entstehenden Phantasiegebilde produzieren die **Einbildungen.** Jedoch ist die Phantasie im Geistesleben auch die Mutter der Kreativität.

In der vorletzten unteren Schicht des Unterbewußtseins liegt *verdrängtes* Leben. Hier haben sich Sorgen, Nöte und vor allem Probleme behauptet, die nicht gelöst oder kompensiert werden konnten. Deshalb leben Menschen oft mit sich in einem dauernden Unfrieden und kommen mit der Umwelt nicht klar. Wer selbst nicht in Ordnung ist, der sieht die Welt falsch.

Das Unter- und Unbewußte

Beides gehört zu den Unbekannten unseres Ichs. Nach *Freud* sind diese zum Teil noch unbekannten Tiefen des Menschen fast ausschließlich erfüllt von Triebgewalten, die nach ihrer Befriedigung hindrängen. Sie sind aber zugleich der Hauptfaktor aller menschlichen Leistungen.

Verläßt man bei den drei Bewußtseinssphären das **Oberbewußtsein** mit den

- Sinnesfunktionen,
- Verstandesfunktionen,
- Willensfunktionen

und steigt in das
Unterbewußtsein mit seinen Schichtungen

- Intuitionen,
- Emotionen (Gefühlsfunktionen),
- Phantasie,
- Verdrängtes (Unbewältigtes),
- Energiequellen (Reserven),

so befaßt man sich mit dem riesigen
Unbewußten und seiner

- Urmasse / dir. Erbmasse,
- Vitalschicht,
- Triebe,
- Instinkte,
- Ängste / Hemmungen,
- Komplexe,
- Grundbedürfnisse (Sehnsüchte).

All das ist enormes *Leben* in der Tiefe, wenn auch für den Menschen nicht bewußt. Das meiste aber drängt nach außen, und es sind oft Tausende von Wünschen, Lebenskeimen, Impulsen und Empfindungen, die das Licht der Welt erblicken möchten. Jeder Trieb oder Impuls möchte in diesem Wettstreit gern der erste sein.

Professor Sigmund Freud sagte 1932 nach seinen vielen Entdeckungen: „Wir Menschen leben überhaupt nicht. Wir werden von der Tiefe gelebt und gesteuert!"

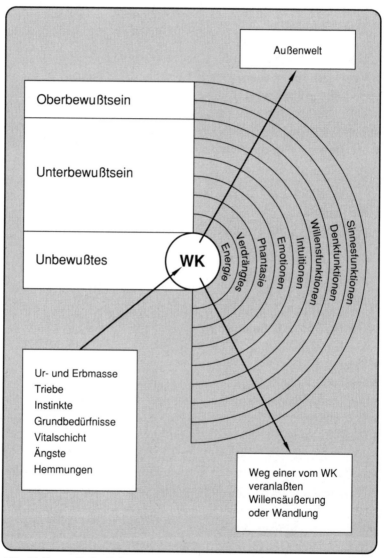

Abb. 16: Das seelische Gefüge

Gebote zur positiveren Lebensführung
und für bessere Persönlichkeitserfolge

1. Mit Freundlichkeit Sympathien erwerben.
2. Optimismus ausstrahlen.
3. Entgegenkommend und hilfsbereit sein.
4. Mit Dankbarkeit leben.
5. Vorurteile bekämpfen – fair sein.
6. Niemanden verurteilen, den man nicht kennt.
7. Menschen respektieren.
8. Alle Meinungen tolerieren.
9. Bei Konflikten kompromißbereit sein.
10. Nie nachtragend sein.
11. Probleme sofort anpacken.
12. Sich selbst beobachten und kontrollieren.
13. Andere um Rat bitten.
14. Besseren gratulieren – keinen Neid zeigen.
15. Aus Mißerfolgen lernen.
16. Im Ärger nichts entscheiden.
17. Vor Selbstüberschätzung hüten.
18. Lob und Anerkennung schenken.
19. Schwachen Menschen helfen.
20. Freude mit Aufmerksamkeiten bereiten.
21. Hektik und Zeitnot bekämpfen.
22. Kalte Menschen erwärmen.
23. Gefühle zeigen, nicht verstecken.
24. Von Überlegenen lernen.
25. Für wohlgemeinte Kritik bedanken.
26. Gehemmten Menschen helfen.
27. Zusagen und Versprechungen einhalten.
28. Menschen nie unterschätzen.
29. Komplizierte Menschen so nehmen, wie sie sind.
30. Gesundheit pflegen.
31. 20 Jahre weiter denken.
32. An das Gute im Menschen glauben.

8. Menschenführung mit Persönlichkeit

*„Wer seine Persönlichkeit entwickeln will,
braucht dazu vorbildliche Persönlichkeiten,
nicht nur Wissensvermittler!"*

Bruno Neckermann

Führung mit Motivation und Vorbildlichkeit

Es gibt in jedem Unternehmen noch ein großes Potential und viele nicht genutzte Erfolgsmittel im großen Feld der internen Kooperation, Kommunikation, Aus- und Weiterbildung, der Technik, Erneuerungen, Kundenbeziehungen, dem Marketing und der Dienstleistungen.

In allen Abteilungen befinden sich sehr verschiedene Experten, Mentalitätsstrukturen, Berufe und Spezialisten. Sie leben in ihrer eigenen Welt innerhalb ihrer Grenzen, ihrem geliebten Beruf und verlieren oft in ihrem Bewußtsein die *Sinne* und Wertschätzung für andere Berufe, das *Menschliche* und ihre Umwelt, auf die sie angewiesen sind.

Vielfach sind Experten auch so spezialisiert, daß sie sich gern abschirmen, einigeln, nicht selten „Starkult" betreiben und auf andere Berufe herabsehen. Der Ingenieur meint, die Technik sei das Wichtigste, der Wissenschaftler glaubt, Theorien und Forschungsergebnisse seien das Erfolgsfundament, der Verkäufer sieht den Verkauf als das Wichtigste an, der Kaufmann seine Organisation und Verwaltung.

Dadurch ergeben sich nicht nur verschiedene Ballungen und Interessenschwerpunkte, sondern auch Grenzen, Abgrenzungen und Schallmauern. Diese sind dem Teamgeist in keiner Weise förderlich, weil der *Mensch* dadurch belastet wird. Konfliktsituationen treten auf, und nur wenige Führungskräfte nehmen sich genügend Zeit für eine harmonische Kooperation, echte menschliche Kontakte, gegenseitige Unterstützung, Koordination mit anderen Abteilungen und Zufriedenheit im Team.

Personalchefs und obere Führungskräfte sind auch oft überlastet, leben in Zeitnot und haben nur wenig Ahnung von den Konfliktsituationen in ihrem Team. So manche darunter kennen ihre Mitarbeiter und deren Charaktere überhaupt nicht. Wie sollen sie auch wissen, ob Menschen und Mitarbeiter glücklich sind, wenn sie selbst überladen, demotiviert oder unzufrieden sind? Nur wer selbst glücklich ist, kann andere Menschen glücklich machen.

> *„Würden Menschen sich besser kennenlernen,*
> *angstfrei und ohne Druck arbeiten können,*
> *dann würde viel Ungutes nicht passieren!"*

Eine Mannschaft ist nie besser als der Geist, der sie führt. Chefs und Vorgesetzte müssen zeigen, *vorleben* und mit ihren Persönlichkeiten demonstrieren, was sie verlangen und von ihren Mitarbeitern erwarten. Eine Voraussetzung dafür ist – so glaube ich – die *Menschlichkeit*. Sie kann nur entstehen mit Anteilnahme, innerer Wärme und Bemühung um die Menschen. Ohne Bemühung erhält kein Vorgesetzter gute Leistungen und Sympathien.

> *„Die teuersten Konzepte funktionieren nicht gut,*
> *wenn man unzufriedene Mitarbeiter hat!"*

Das beste Mittel für die „Zufriedenheit" ist eine ausreichende Motivation. Doch nicht nur materieller Art, in Form von Zulagen oder Gehaltserhöhungen, sondern mit einer menschlichen, also persönlichen Anhebung, Heraushebung, Anerkennung, Förderung, Beförderung usw. Motivationen mit Geld haben selten eine Langzeitwirkung, weil sich der Mensch auf mehr Geld einstellt und einen besseren Wohlstand verschafft. In der Regel ist dann nach einigen Monaten wieder der alte Zustand vorhanden.

Es gibt Vorgesetzte, welche noch nicht erkannt haben, wie wirkungsvoll allein gute Worte sind. Sie wissen nicht, daß es nichts kostet, Mitarbeiter mit „Freundlichkeit" zu erfreuen. Ich meine:

> *„Für gute Leistungen und ganzen Einsatz*
> *gehören auch gute Worte!"*

Zeitnot oder auch die starre Berufsroutine sind Ursachen für eine ungenügende Motivation. Chefs sollten aber ihre Zeit mehr mit den Menschen im Unternehmen als mit ihren Akten verbringen. Mitarbeiter hängen in der Luft und wissen nicht, wo sie stehen, wenn sie nicht genügend Kontakte mit ihren Vorgesetzten haben. Viele möchten auch *hören,* daß sie gut sind.

Es gibt in jeder Abteilung Menschen, die sich nach mehr Hilfen, Unterstützung, Beratung und auch periodischen „Fördergesprächen" sehnen. Deshalb sollten Chefs auch *Berater* bei persönlich-menschlichen Problemen sein.

Gelegentlich liegt es an der Verfassung – auch am eigenen Zufriedenheitsgrad –, wenn ein Vorgesetzter seinen Mitarbeitern nicht genügend „Menschlichkeit" geben kann. Wenn er dann noch vergißt, daß hinter jedem Mitarbeiter oder jeder Mitarbeiterin liebe Menschen stehen, für deren Glück er mitverantwortlich ist, dann handelt er verantwortungslos. Ohne gute Worte, gute Gefühle und Motivation kann man Menschen nichts Gutes antun.

Es gibt Manager mit großer Verantwortung für viele Menschen, die im *falschen* Beruf tätig sind. Ich meine solche, die sehr introvertiert veranlagt sind, sich einigeln und ihren Mitarbeitern nur wenig oder gar keine menschlichen „Zuwendungen" geben. Dadurch ergeben sich Distanzierungen und Unzufriedenheit auf Seiten der Mitarbeiter, was zur „innerlichen Kündigung" führen kann.

Chefs müssen nicht nur führen, sondern auch Charaktere, Anlagen, Fähigkeiten und Leistungen *beurteilen* können. Das erfordert Fairness, Neutralität, soweit es geht Objektivität und **Menschenkenntnis.** Menschenkenntnis ist eine hohe Fähigkeit und die Kunst, in *Menschen* zu lesen anstatt in Büchern. Nicht selten werden Mitarbeiter zu subjektiv, je nach Typus, Sympathie und Antipathie, intuitiv oder instinktiv beurteilt.

Hier taucht die Frage auf: Wie können Führungskräfte, die selbst in ihrem Leben noch nie eine Schule mit Lehren über Persönlichkeits-, Führungs- und Motivationspsychologie besuchten und die noch niemals ein Fachbuch darüber studiert haben und fast kein Wissen über angewandte Psychologie, Charakterologie und Typologie besitzen, Menschen beurteilen? Die unterstellten Mitarbeiter erfassen und erkennen dies schnell. Wird ein Chef dann nicht fragwürdig?

> *„Nicht Produkte und Technologien*
> *sind die wichtigsten Erfolgsmittel in einer Firma,*
> *sondern die Menschen!"*

In jeder Geschäftsleitung gibt es verschiedene Führungsebenen. Alle sind in ihrem beruflichen Fach *spezialisiert.* So kann es passieren, daß zum Beispiel ein Bereichsleiter, der ein genialer Techniker ist, die ihm unterstellten Mitarbeiter nur wenig oder gar nicht führt, aufbaut, motiviert und auch erzieht. Er vergißt, daß geniales Fachwissen im Beruf nur ein Teil einer Persönlichkeit ist.

Zu einem erfolgreichen Manager gehören, neben seiner fachlichen Stärke, hervorragende Menschenführung und alle möglichen Hilfen zur Selbstverwirklichung. Dann erst kann man von „motivierender Menschenführung" sprechen. Mitarbeiter brauchen Vorbilder, dann haben sie es leichter.

Je besser ein Chef *menschlich* ankommt, desto mehr nimmt man von ihm an. Lassen Sie mich versuchen, eine Definition für eine ideale Persönlichkeit zu finden, die es wahrscheinlich gar nicht gibt:

> *„Eine echte Persönlichkeit ist nicht nur einfach*
> *ein Mensch, geformt wie die bekannte Masse,*
> *sondern eine „besondere" Person mit überragender*
> *Individualität, überlegenen inneren Werten,*
> *besonnener, mutiger Eigenwilligkeit, faszinierender*
> *Ausstrahlung, charakterlicher Festigkeit*
> *und vorbildlicher Prägung!"*

Fragen für Führungs- und Motivationskontrollen

Beantworten und klassifizieren Sie die nachfolgenden Fragen zur Bewußtseinserweiterung. Finden Sie Ihre Verbesserungsmöglichkeiten:

1. Stimmt mein Führungssystem noch, was muß ich erneuern?

2. Ist der Geist in meinem Team so gut, daß alle partnerschaftlich und *angstfrei* leben können?

3. Wo funktioniert die Kooperation im Team gut, wo nicht?

4. Welches sind die Menschen für den Aufstieg und eine mögliche Karriere?

5. Sind irgendwelche Mitarbeiter fragwürdig geworden?

6. Reichen meine persönlichen Kontakte und Gespräche aus?

7. Kümmere ich mich genügend um *menschliche* Probleme?

8. Wo, wie, bei wem muß ich die Motivationen verbessern?

9. Bin ich ein Vorbild für das, was ich von meinen Mitarbeitern erwarte und verlange?

10. Setze ich genügend Autorität gegen Disziplin-losigkeiten ein?

11. Bin ich als Coach *mutig* genug?

12. Delegiere ich systematisch, um mich zu entlasten?

13. Wer in meinem Team ist unter-, wer überfordert?

14. Kann ich mehr Kreativität durch das Vorschlagswesen aktivieren?

15. Liefere ich ausreichend Informationen nach unten?

16. Stimmen die individuellen Stellenbeschreibungen noch?

17. Reichen meine Qualitäts- und Quantitätskontrollen aus?

18. Bekämpfe ich subjektive Vorurteile und Unfairness?

19. Wie kann ich meine Menschenkenntnis verbessern?

20. Verteile ich meine Sympathien gleichmäßig an alle?

21. Kenne ich die Lebenspartner meiner Mitarbeiter?

22. Notiere ich laufend Stärken, Schwächen und Leistungen meiner Mitarbeiter für die Beurteilungen und Förderungsgespräche?

23. Führe ich Konferenzen überzeugend und dynamisch durch?

24. Helfe ich den Mitarbeitern bei ihrer Selbstverwirklichung?

25. Gebe ich genügend Anerkennung für gute Arbeit?

26. Zeige ich auch mit Worten meine Dankbarkeit?

27. Gebe ich Fehler und Schwächen offen zu?

28. Was muß ich mit Weiterbildung für die Verbesserung meiner Sicherheit und Überlegenheit tun?

29. Erhalte ich von Mitarbeitern genügend Anerkennung, Respekt?

Die menschlichen Ursachen für Erfolgsblockaden

Führungspsychologische Ursachen

1. Unverständliche Unternehmensstrategien
2. Persönlichkeitsmängel im oberen Management
3. Schwachbesetzung wichtiger Positionen
4. Mangelnde Identifikation und Unternehmenstreue
5. Unklare Zielvorgaben
6. Mangelhafte Personal- und Kompetenzpolitik
7. Egoistisches Abteilungsdenken
8. Entscheidungsfeigheit
9. Angst vor Korrekturen und Neuerungen
10. Hierarchie- und Starkult
11. Mangelnde Disziplin
12. Schwache Planungsfähigkeit
13. Ungenügende Informationen
14. Druck und Streß durch Überladung und Zeitnot
15. Fehlende oder wenig Motivationen
16. Mangelnde Einschleusung neuer Mitarbeiter
17. Kalte Chefs, überhebliche Chefs
18. Falsche Beurteilungen durch fehlende Menschenkenntnis
19. Isolierung durch einseitige Fachausbildung
20. Wenig persönlichkeitsbildende Aus- und Weiterbildung
21. Mangelhafte Delegationen und Delegations-kontrollen

22. Zu viele und zu lange Konferenzen
23. Dauernde Umorganisationen
24. Keine Zuverlässigkeit im Management
25. Weichheit mit zu vielen Kompromissen
26. Kompetenzbeschneidungen und -überschreitungen

Menschliche und zwischenmenschliche Ursachen

1. Neid und Eifersucht
2. Kollegen- und Umweltängste
3. Außenseitertum
4. Egoismus
5. Belastende Intrigen und Gerüchte
6. Vorurteile
7. Satte Zufriedenheit – Selbstherrlichkeit
8. Schlechter Teamgeist
9. Fehlender Ehrgeiz
10. Pessimismus
11. Unzufriedene Ehefrauen und Partner
12. Dauernde Überlastung
13. Unterbezahlung
14. Keine Hilfe bei Problemen
15. Bevorzugung einzelner Kollegen durch den Chef
16. Cliquenbildung
17. Negative Vorbilder
18. Belastung durch Machtkämpfe
19. Ängste durch Diktatur
20. Ungenügende Anerkennung

Teamgeiststrategie für Führungskräfte

Ideen für Überwachung,
Kontrolle und Verbesserung

1. Teamentwicklung beobachten

2. Teamphilosophie bekanntmachen (Verhaltensnormen)

3. Harmonie in der Zusammenarbeit

4. Persönliche Konflikte sofort beseitigen

5. Bei Teamdisharmonien Job-Rotation versuchen

6. Kompetenzüberschreitungen korrigieren

7. Mißerfolgsursachen gemeinsam suchen

8. Starres Abteilungsdenken bekämpfen

9. Außenseiter zurückführen

10. Starkult beenden

11. Teamdisziplin bewahren

12. Team konstruktiv kritisieren

13. Cliquenbildung bekämpfen (Intrigen)

14. Störfaktoren von außen beobachten

15. Klare Zielsetzungen liefern

16. Erfolgsbilanz besprechen

17. Vertrauen durch Angstfreiheit gewinnen

18. Motivations- und Leistungsanreize geben

19. Ausreichende Informationen liefern

20. Team einheitlich weiterbilden lassen

21. Schwachen Teammitgliedern helfen

22. Neue Mitarbeiter gut einschleusen

23. Problemlösungen mit Erfahrungsaustausch betreiben

24. Richtige und faire Beurteilungen machen

25. Team um Vorschläge bitten

26. Gesellige Zusammenkünfte arrangieren

27. Regelmäßige Teamkonferenzen abhalten

28. Urlaubsersatzplanung machen

29. Abteilung belobigen

30. Sportliche Betätigung fördern

31. Sympathien gleichmäßig verteilen – keine Bevorzugung

32. Stellvertretung regeln

Einstellung neuer Mitarbeiter

Organisation vom Einstellungstag bis Ablauf der Probezeit

Vorbereitungen vor Eintritt

1. Abteilungsleiter informieren
2. Informationen an Kollegen
3. Bestätigungsbrief mit Vertrag
4. Stellenbeschreibung entwerfen
5. Organisationsplan ändern
6. Einarbeitungsplan machen
7. Kontaktperson ernennen (Pate)
8. Arbeitsplatz organisieren
9. Begrüßungsschreiben und Blumen
10. Personalabteilung informieren
11. Wohnung – Fahrzeug – Parkplatz
12. Termin bei Direktion
13. Information an Empfang
14. Bei Außendienst Kollegen informieren
15. Ausbildungsplanung machen
16. Namensschild – Ausweise

Eintritt und Anfang

1. Empfang durch Assistentin
2. Begrüßung durch Vorgesetzten
3. Bekanntmachen mit Arbeitsplatz
4. Vorstellung der Kontaktperson
5. Erstes Kontaktgespräch zu dritt
6. Einarbeitungsplan besprechen

7. Stellenbeschreibung durchgehen
8. Kontakte mit Kollegen
9. Vorstellung in Direktion
10. Vorstellung in Personalbüro
11. Übergabe des Arbeitsplatzes
12. Infos über Unternehmen
13. Rundgang durch Verwaltung
14. Betriebsbesichtigung
15. Sekretärin vorstellen
16. Arbeitsausrüstung besprechen
17. Infos über Stadt und Land
18. Vorstellung bei wichtigen Personen
19. Ausbildungsstufen durchsprechen
20. Termine für Probezeit geben

Probezeitverlauf

1. Tages- und Wochenkontrollen einplanen
2. Wochengespräche durchführen
3. Wochenberichte auswerten
4. Umwelt befragen (Kunden)
5. Zufriedenheitsgrad erforschen
6. Monatsbeurteilungen besprechen
7. Kooperationen studieren
8. Einladung des Ehepartners?
9. Leistungskontrollen machen
10. Entscheidungskonferenz planen
11. Schlußbesprechung durchführen
12. Einstellung oder Trennung?
13. Verlängerung der Probezeit?

Bewerber charakterologisch erkennen
(Die richtige Behandlung des Bewerbers)

Immer wieder kommen Bewerber.
Gute „Perlen" oder unbrauchbare.
Auch wir waren einmal Bewerber.
Genau wie die Top-Manager von heute.
Und wir hofften inbrünstig auf eine Chance.
Geben wir sie den Bewerbern von heute.

Bewerber kosten Geld. Viel Geld.
Freuen wir uns auf sie.
Schenken wir ihnen Aufmerksamkeit.
Bedanken wir uns bei ihnen.
Geben wir ihnen viel Zeit.
Behandeln wir sie fair und freundlich.

Dann müssen wir über Menschen befinden.
Charaktere, Seelen, Fähigkeiten messen.
Vergleichen, erfühlen, schätzen, beurteilen.
Mit Position, Erfahrungen, Menschenkenntnis.
Aber auch mit Vertrauen und Neutralität.
Können wir unser da so sicher sein?

Machen Sie diese Arbeit nicht aus dem Kopf.
Das geht auch nicht.
Es wäre leichtfertig, gewissenlos.
Die Bilder und Ergebnisse würden taumeln.
Verwenden Sie die beiliegende Checklist als Hilfe.
Sie ist ein Modell zur Entwicklung Ihres eigenen,
angepaßten Bogens.

Interview-Fragebogen

Name: _____ Vorname: _____ Geburtstag: _____

Adresse: _____ _

Letzte Position: _____ Erlernter Beruf: _____

Empfehlungen: Auswahlstufe(A-D): _____
Bewerber nicht unterschätzen
Interview partnerschaftlich führen
Genügend Zeit geben (60 – 90 Minuten)
Selbst vorstellen, Vertrauen gewinnen
Bewerber enthemmen und helfen.

Interview und Informationsfragen
 1. Lebenslauf und Berufsausbildung
 2. Welche Sonderausbildungen?
 3. Bisherige Tätigkeiten?
 4. Grund des Wechsels?
 5. Zeugnisse und Referenzen?
 6. Familienverhältnisse?
 7. Gesundheit, Sport, Hobbies?
 8. Schwangerschaft?*
 9. Vorstrafen, Schulden?*
10. Größte menschliche Stärken?
11. Größte Schwächen?
12. Welche Fremdsprachen?
13. Was lernen Sie zur Zeit?
14. Umzug, Automobil, Spesen?
15. Letztes Einkommen?
16. Militärdienst bzw. Dienstpflicht?
17. Welche Gehaltsforderungen?
18. Welche finanziellen Sonderwünsche?
19. Welche sonstigen Bedingungen?
20. Eintrittstermin?
21. Probezeit und Einarbeitung?
22. Vertragliches und Soziales?
23. Arbeitszeiten, Ferien?
24. Firmenphilosophie?
25. Arbeitsausrüstung?
* diese Fragen müssen nicht wahrheitsgemäß beantwortet werden.

Beurteilungen

Psychologie und Bedeutung

Die Furcht vor Beurteilungen findet man überall. Sie hat nur drei Gründe:

- die Angst vor dem eigenen Ich und dessen Schwächen,
- ein schlechtes Gewissen und
- Dummheit.

Ein Mensch besteht nur aus Stärken und Schwächen. Wie will man aber eine Schwäche abstellen, wenn man sie nicht kennt oder wenn sie einem nicht gesagt wird. Beurteilungen sind also **selbstverständliche Führungsaufgaben.**

Es ist logisch, daß der, der seine Pflicht tut, fleißig ist, sich voll einsetzt und gut ist, keine Angst vor einer Beurteilung haben muß. Im Gegenteil: Die Guten *freuen* sich darauf!

Beurteilungen

- sind Erfolgselemente für eine Karriere,
- sind die Grundlage für den richtigen Einsatz,
- sind erforderliche Spiegel der Leistungen,
- sind Begegnungen mit dem Ich,
- zeigen dem Mensch, wo er steht,
- liefern Informationen und neue Ziele,
- zeigen Veränderungen auf,
- zeigen neue Wege für die Zusammenarbeit,
- erzwingen Dialoge über Persönlichkeitsmerkmale,
- ermöglichen eine Einschätzung für die weitere Förderung.

> *„Wir Menschen haben keine Fehler,*
> *wir machen sie nur. Die Ursachen dafür*
> *müssen gefunden werden!"*

Leitfaden für Beurteilungen

1. Jeder Mitarbeiter hat das Recht auf eine Beurteilung.
2. Jeder Mitarbeiter darf um eine Beurteilung ersuchen.
3. Jeder Mitarbeiter sollte wenigstens einmal im Jahr beurteilt werden.
4. Leistungs- und Verhaltensbewegungen im Verlaufe eines Jahres sind schriftlich festzuhalten.
5. Für Beurteilungen ist ein System bzw. Formular nötig.
6. Beurteilungen sind vom zuständigen Vorgesetzten zu erstellen.
7. Arbeits- und Leistungsprämien sollten nicht berücksichtigt werden.
8. Beurteilungen
   a) für Leistungen und
   b) für Verhalten
   sind offen mit dem Mitarbeiter durchzusprechen.
9. Zur Durchsprache benötigt der Beurteilende mindestens eine Stunde Zeit.
10. Das Gespräch sollte in einer freundlich-harmonischen Atmosphäre stattfinden.
11. Bei sehr wichtigen Positionen darf der übernächste Vorgesetzte oder der Personalchef zugegen sein. Der Grund ist dem Beurteilten zu nennen, und man stimmt sich mit ihm darüber ab.
12. Jedes Beurteilungsgespräch ist mit Fairness und weitgehender Neutralität durchzuführen.
13. Die Ergebnisse sind offen mitzuteilen.
14. Mitarbeiter haben Anspruch auf eine Kopie der Beurteilung.
15. Beurteilungsergebnisse können auch – auf Wunsch – schriftlich mitgeteilt werden.

Taktische Richtlinien für den Gesprächsverlauf

Planung und Organisation

1. Gespräch mit Vorgesetztem führen
2. Förderungsmöglichkeiten prüfen
3. Personalakte einsehen
4. Frühere Beurteilungen und Entwicklung studieren
5. Berufliche und menschliche Leistungen festlegen
6. Fairness und Neutralität einplanen
7. Beurteilungsbogen ausfüllen
8. Frageliste zum Dialog erstellen
9. Privatverhältnisse prüfen (Gesundheit)
10. Meinungen von Umweltpersonen einholen
11. Finanzielle Situation erforschen
12. Termin- und Zeitplan erstellen
13. Ort und Raum organisieren (störungsfrei)
14. Einladung entwerfen (schriftlich?)
15. Mitarbeiter informieren.

Kontaktgespräch

1. Herzlicher Empfang – Bedanken
2. Mit Freundlichkeit Ängste nehmen
3. Frage nach dem Zufriedenheitsgrad
4. Familie – Ehepartner – Kinder – Wohnung
5. Nach Wünschen und Zielen befragen
6. Probleme und Belastungen erforschen
7. Aussagen notieren
8. Dank für Einsatz, Treue usw.
9. Gespräch über Einkommen, Verdienst.

Urteile und Beurteilung

1. Bilanz ziehen über Persönlichkeit
2. Beurteilung überreichen
3. Stärken und Schwächen besprechen (+/-)
4. Leistungsverbesserungen oder Rückschritt (+/-)

5. Teamverhalten, Beliebtheit (+/-)
6. Einsatz – Fleiß – Opferbereitschaft (+/-)
7. Auffälligkeiten im Verhalten
8. Förderungsmöglichkeiten (ja/nein)
9. Entscheidung mitteilen
10. Zukunft ansprechen (Empfehlungen)
11. Gratulation oder Hoffnung und Trost
12. Unterstützung zusagen
13. Dank.

Beurteilungsstrategien und Checklisten

Unterlagen und Notizen sind immer gut.
Sie entlasten den Kopf und das Denken.
Sie benötigen wenig hohe Konzentration.
Sie geben Sicherheit ... man vergißt nichts.

Vorbereitete Strategien sind auch Organisation.
Sie zeigen dem Partner die Zuverlässigkeit.
Das beruhigt und beeindruckt ihn.
Nur aus dem *Kopf* zu arbeiten
wäre auch unfair und überheblich.

Sie finden auf den nächsten Seiten
einige Rohmodelle als Muster.
Zum Anlehnen, Lernen und Zuschneiden,
je nach Verantwortung und Position.

Die Persönlichkeitsklassifizierung
Sie dient zum Festhalten von Stärken und Schwächen. Sie eignet sich auch für Schnellbeurteilungen.

Der Beurteilungsbogen
Eine andere Form mit fünf Beurteilungsfaktoren. Er läßt sich erweitern.

Die Jahresbeurteilung

Einzelne Beurteilungsfaktoren lassen sich je nach Position austauschen.

Man entscheidet sich für die Bewertung, setzt einen starken Punkt genau in die Mitte des Kästchens, verbindet dann die Punkte mit dem Lineal zu einer Kurve.

Wenn Sie einen Kugelschreiber mit blauer Farbe verwenden, dann können Sie eine neue Beurteilung nach zehn bis zwölf Monaten auf dem gleichen Blatt machen, jedoch mit roter Farbe.

Nach mehreren Jahren haben Sie einen guten Überblick über Veränderungen nach rechts oder links. Ihre bisherigen Beurteilungssysteme können Sie beibehalten.

Die Vorgesetztenbeurteilung

Von Mitarbeitern beurteilt zu werden hilft sehr. In der Regel macht man das anonym. Wer Mut hat, gibt seinem Team die Ergebnisse bekannt.

Persönlichkeitsklassifizierung zum Auffangen von Ereignissen während eines Zeitraums

Stärken	Schwächen

Bemerkungen:

Beurteilungsbogen

Name, Vorname: Abteilung: Position: In Firma seit: Nächster Vorgesetzter: Letzte Beurteilung am:	Übertrifft unsere Wünsche weit	Erfüllt unsere Wünsche sehr gut	Erreicht knapp die Anforderungen	Zeigt noch große Schwächen	Anforderungen werden nicht erfüllt
Persönlichkeitsausstrahlung					
Führungsverhalten					
Überzeugungskraft, Energien					
Belastbarkeit					
Verantwortungsbewußtsein					
Kooperationsbereitschaft					
Planung und Organisation					
Arbeitsqualität					
Arbeitsquantität					
Aussehen, Repräsentation					

Bemerkungen vom Beurteiler:

Reaktion des Beurteilten:

Datum   Beurteilter   Beurteiler

Jahresbeurteilung

über: durch: Abt.:   Datum:

Position: i.Fa. seit: Letzte Förderung/Beförderung:

Beurteilungsfaktoren:	ganz schwach	ungenügend	noch Mängel	befriedigend	gut	sehr gut	hervorragend	überragend	Bemerkungen
1. Ausstrahlung									
2. Loyalität, Treue									
3. Ehrgeiz									
4. Zuverlässigkeit									
5. Kontaktfähigkeit									
6. Überzeugungskraft									
7. Selbstvertrauen									
8. Belastbarkeit									
9. Sprache, Ausdruck									
10. Dynamik, Mut									
11. Reife									
12. Teamverhalten									
13. Führungsanlagen									
14. Fachwissen									
15. Planung									
16. Kreativität									
17. Produktivität									

Vorgesetztenbeurteilung durch die Mitarbeiter

Sie können freiwillig Ihren Chef beurteilen. Davon profitieren Sie, denn die Einzelwertungen werden zu Mittelwerten zusammengefaßt und als Gruppenmeinung dem Vorgesetzten präsentiert.

Ihre zwölf Angaben zeigen das Führungsverhalten wie den Führungsstil eines Chefs. Kreuzen Sie einfach die zutreffende Antwort an. 1 = sehr gut, 2 = gut, 3 = befriedigend, 4 = mangelhaft und 5 = ungenügend.

	5	4	3	2	1
1. Das Ausmaß, in dem ich die Ziele meines Aufgabenbereiches kenne und verstehe, ist	○	○	○	○	○
2. Das Ausmaß, in dem ich die von den Chefs festgelegten Ziele akzeptiere, ist	○	○	○	○	○
3. Das Ausmaß, in dem ich an der Zielsetzung meiner Bereiche mitwirken könnte, ist	○	○	○	○	○
4. Ich werde über die Geschäftsvorgänge informiert	○	○	○	○	○
5. Meine Freiheit zur gelegentlichen Abgabe von Urteilen über Entscheidungen ist	○	○	○	○	○
6. Das Ausmaß, in dem die Arbeit im Hauptbereich sinnvoll koordiniert wird, ist	○	○	○	○	○
7. Festgelegte Kompetenzen und Verantwortungen werden eingehalten	○	○	○	○	○
8. Das Ausmaß meiner erforderlichen Selbständigkeit mit Vollmachten ist	○	○	○	○	○
9. Mein Chef beurteilt meine Leistungen quantitativ und qualitativ	○	○	○	○	○
10. Das Ausmaß, in dem Mitarbeiter nach ihren Fähigkeiten optimal eingesetzt werden, ist	○	○	○	○	○
11. Der Wert, mit dem ich durch meine Vorgesetzten beraten und unterstützt werde, ist	○	○	○	○	○
12. Den Teamgeist klassifiziere ich wie folgt	○	○	○	○	○

Kreisen Sie drei von zwölf Punkten, die sich im letzten Jahr verbessert haben, links ein. Kreisen Sie mit Rotstift die drei Punkte links ein, die Sie bald verbessert sehen möchten. Vielen Dank für Ihre Hilfe!

Kritikpsychologie –
Informationen für Kritiken und Korrekturen

Korrekturen und Kritiken sind erforderlich, denn Menschen bestehen aus Stärken und Schwächen. Kritik muß *überlegt* und richtig geübt werden. Die „Jagd auf Schwächen" zerstört jede Motivation. Wer falsch kritisiert, erreicht das Gegenteil, und wer unfair kritisiert, schafft sich Feinde. Angst vor erforderlicher Kritik ist Feigheit.

Die Kritik- und Korrekturziele sind:

• Unsicherheit, Ängste,
• Unwissen,
• leistungsmäßiges Absinken,
• Fehlverhalten,
• Charakterschwächen,
• Disziplin- und Respektlosigkeit,
• Überheblichkeit, Außenseitertum,
• Loyalitätsverletzung,
• schlechtes Teamverhalten,
• mangelnde Kooperation.

Vor einer Kritik muß gedacht und die richtige Psychologie gewählt werden. Es gibt folgende **Kritikformen:**

1. Die hilfreiche Beratung.
2. Die sachliche Korrektur.
3. Der aktivierende Leistungsappell.
4. Die Ermahnung und Mängelrüge.
5. Die wiederholte Mängelrüge.
6. Die scharfe Kritik.
7. Die wiederholte Kritik.
8. Die schriftliche Kritik.
9. Die Androhung mit letzter Frist.
10. Kündigung und Entlassung.

> *„Kein Mensch kann Schwächen*
> *oder Fehler beseitigen,*
> *wenn er sie nicht kennt*
> *und sie ihm nicht gesagt werden."*

Kritiken und ihr Nutzen

Warum Angst vor Kritik? Wie richtig kritisieren?

1. Mehr als 80% aller Mitarbeiter empfinden eine Kritik zunächst als Angriff auf ihr ganzes *Ich*.

2. Bedenken Sie, daß kein Mensch vollkommen ist. Menschen, die meinen, vollkommen zu sein, sind Narren.

3. Jede Kritik muß berechtigt sein und ein gutes Ziel haben.

4. Formulieren Sie Ihre Kritiken als eine „wohlwollende Aktion" und nicht als Bestrafung.

5. Wenn Sie „kritisieren", brauchen Sie eine bessere Idee, oder Sie müssen es besser machen können.

6. Eine Kritik ist nicht immer richtig. Vielleicht reicht die Vorstufe – eine „Korrektur" – aus?

7. Haben Sie Mut zu einer Kritik, denn niemand kann eine Schwäche abstellen, wenn er sie nicht kennt oder sie ihm nicht gesagt wird.

8. Unterscheiden Sie objektive und subjektive Kritik. Beide brauchen ganz andere Worte.

9. Achten Sie auf drei wichtige Dinge, die passen müssen. Ihr Gesicht, Ihre Augen und die Stimme.

10. Zu kritisieren ist Vorgesetztenpflicht, wenn sie erforderlich ist. Nicht zu kritisieren wäre „Feigheit".

11. Üben und trainieren Sie das Kritisieren so lange, bis sich der Kritisierte *bedankt*.

12. Kritik ist eine Selbstverständlichkeit, wenn sich jemand nicht mehr führen lassen kann oder will.

13. Kritik muß kompromißlos sein, wenn es sich um charakterliches Versagen handelt.

14. Doch passen Sie auf:

„Wer bei Mitarbeitern nur das
Schlechte sucht, findet nichts Gutes mehr!"

Modell für erfolgreiche Menschenführung
(40 Führungspsychologische Erfolgsregeln und Gebote)

1. Mitarbeiter nach Unternehmenszielen führen

2. Verhaltensnormen nach Firmenkultur festlegen

3. Teamgeist fördern – Teamkonflikte beseitigen

4. Vorschlagswesen und Erfahrungsaustausch fördern

5. Ausreichende Informationen liefern

6. Auslastung kontrollieren – Kompetenzen überwachen

7. Verantwortung übertragen

8. Erfolgserlebnisse aufbauen

9. Meinungen und Vorschläge respektieren

10. Qualitäts- und Quantitätskontrollen vornehmen

11. Zeit- und Kostenbewußtsein schaffen

12. Delegationen zu Aufträgen formen

13. Konferenzen gut vorbereiten

14. Probleme und Unzufriedenheiten aufspüren

15. Neue Mitarbeiter geplant und menschlich einführen

16. Intimitäten vermeiden

17. Respekt- und Disziplinlosigkeiten zurückweisen

18. Fehlverhalten kritisieren, mit Schwächen konfrontieren

19. Zusagen und Versprechungen einhalten (notieren)

20. Arbeitshektik vermeiden

21. Satte Zufriedenheit, starre Gewohnheiten angreifen

22. Im Ärger keine Entscheidungen treffen

23. Für menschliche Probleme Zeit nehmen

24. Außergewöhnliche Leistungen honorieren

25. Dankbarkeit zeigen

26. Lob und Anerkennung geben

27. Sympathien gleichmäßig verteilen

28. Mit Aus- und Weiterbildung fördern

29. Neben Fähigkeiten auch „Eignungen" prüfen

30. Mitarbeiter nicht überfordern

31. Bei Auseinandersetzungen fair und gerecht sein

32. Vorurteile erkennen und bekämpfen

33. Nie nachtragend sein

34. An „Vorbildlichkeit" denken

35. Faire Beurteilungen abgeben

36. Periodische Beurteilungsgespräche durchführen

37. Mut zum Risiko haben

38. Von „Schädlingen" trennen

39. Mit Besonnenheit, Anstand und Takt führen

40. Familien und Ehepartner gewinnen (Kontakte).

Stichwortverzeichnis

251

252

253

255